GW01417383

CLASSEMENT DES RANDONNÉES

Très facile   Facile   Moyen   Difficile

1ère édition : janvier 2006
© Fédération Française de la Randonnée Pédestre 2006 / ISBN 2-7514-0107-4
© IGN janvier 2006 (fonds de carte)
Dépôt légal : janvier 2006

Les régions de France *à pied*®

Les Pays de la Loire
à pied®

50 promenades et randonnées

RÉGION **PAYS DE LA LOIRE**

Conseil général **Sarthe**

LA MAYENNE
CONSEIL GÉNÉRAL

FFRandonnée

www.ffrandonnee.fr

association reconnue d'utilité publique
14, rue Riquet
75019 PARIS

SOMMAIRE

Chenillé-Changé, rivière la Mayenne. *Photo D. Venant/CRT Pays de la Loire.*

LES PROMENADES ET RANDONNÉES ——— p 24

Choisir sa randonnée

Les randonnées sont classées par ordre de difficulté.

Elles sont différenciées par des couleurs dans la fiche pratique de chaque circuit.

très facile   Moins de 2 heures de marche.
Idéale à faire en famille, sur des chemins bien tracés.

facile   Moins de 3 heures de marche.
Peut être faite en famille. Sur des chemins, avec quelquefois des passages moins faciles.

moyen   Moins de 4 heures de marche.
Pour randonneur habitué à la marche. Avec quelquefois des endroits assez sportifs ou des dénivelées.

difficile   Plus de 4 heures de marche.
Pour randonneur expérimenté et sportif. L'itinéraire est long ou difficile (dénivelée, passages délicats), ou les deux à la fois.

Durée de la randonnée

La durée de chaque circuit est donnée à titre indicatif. Elle tient compte de la longueur de la randonnée, des dénivelées et des éventuelles difficultés.

Pas de complexe à avoir pour ceux qui marchent à «deux à l'heure» avec le dernier bambin, en photographiant les fleurs.

Quand randonner ?

■ **Automne-hiver :** les forêts sont somptueuses en automne, les champignons sont au rendez-vous (leur cueillette est réglementée), et déjà les grandes vagues d'oiseaux migrateurs animent les eaux glacées.

■ **Printemps-été :** suivant les altitudes et les régions, les mille coloris des fleurs animent les parcs et les jardins, les bords des chemins et les champs.

■ Les journées longues de l'été permettent les grandes randonnées, mais attention au coup de chaleur. Il faut boire beaucoup d'eau.

■ En période de chasse, certaines randonnées sont déconseillées, voire interdites (sauf le mercredi, jour non chassé). Se renseigner en mairie.

Avant de partir, il est recommandé de s'informer sur le temps prévu pour la journée, en téléphonant à Météo France : 32 50, ou sur internet : www.meteo.fr

Pour se rendre sur place

En voiture

Tous les points de départ sont facilement accessibles par la route.
Un parking est situé à proximité du départ de chaque randonnée.
Ne laissez pas d'objet apparent dans votre véhicule.

Par les transports en commun

■ Pour les dessertes SNCF, les horaires sont à consulter dans les gares ou par tél. au 36 35 ou sur Minitel au 3615 SNCF ou sur internet : www.sncf.com
■ Pour se déplacer en car, se renseigner auprès des offices de tourisme.

Où manger et dormir dans la région ?

Un pique-nique sur place ?

Chez l'épicier du village, le boulanger ou le boucher, mille et une occasions de découvrir les produits locaux.

Pour découvrir un village ?

Des terrasses sympathiques où souffler et prendre un verre.

Une petite faim ?

Les restaurants proposent souvent des menus du terroir. Les tables d'hôtes et les fermes-auberges racontent dans votre assiette les spécialités du coin.

Une envie de rester plus longtemps ?

De nombreuses possibilités d'hébergement existent dans la région.

Boire, manger et dormir dans la région ?	ALIMENTATION	RESTAURANT	CAFÉ	HEBERGEMENT
Maine-et-Loire				
Angrie	X		X	X
Chalonnes-sur-Loire	X	X	X	X
Les Rairies	X	X	X	X
Mazé	X	X	X	X
Montfort				X
Montigné-les-Rairies		X	X	
Rochefort-sur-Loire	X	X	X	X
Saint-Remy-la-Varenne	X	X	X	X
Seiches-sur-le-Loir	X	X	X	X
Torfou	X	X	X	X
Vihiers	X	X	X	X
Saint-Crespin-sur-Moine	X		X	

Boire, manger et dormir dans la région ?	ALIMENTATION	RESTAURANT	CAFÉ	HEBERGEMENT
Mayenne				
Bouère	X		X	X
Chammes	X		X	X
Craon	X	X	X	X
Laval	X	X	X	X
Le Genest-Saint-Isle	X	X	X	X
Mayenne	X	X	X	X
Pontmain	X	X	X	X
Saint-Aignan-de-Couptrain		X	X	X
Saint-Brice	X	X	X	X
Saint-Denis-de-Gastines	X	X	X	X
Saint-Sulpice		X		
Sainte-Suzanne	X	X	X	X
Vendée				
Bouillé-Courdault		X	X	X
Sainte-Florence	X	X	X	X
Sigournais	X	X	X	
Mervent	X	X	X	X
Poiroux	X	X	X	
Olonne-sur-Mer	X	X	X	X
Venansault	X	X	X	X
Ile d'Yeu	X	X	X	X
La Barre-de-Monts	X	X	X	X
Le Tablier				X
Sarthe				
Chahaignes	X	X	X	X
La Bazoge	X	X	X	
Mézeray	X	X	X	X
Pruillé-le-Chétif	X	X	X	
Saint-Aubin-des-Coudrais	X		X	
Saint-Léonard-des-Bois	X	X	X	X
Saint-Maixent	X	X	X	X
Saint-Vincent-du-Lorouër	X	X	X	
Thoiré-sur-Dinan		X	X	X
Valennes	X	X	X	X
Loire-Atlantique				
Clisson	X	X	X	X
Cordemais	X	X	X	X
Le Gavre	X	X	X	X
Mesquer	X	X	X	X
Moisdon-la-Rivière	X	X	X	X
Pornic	X	X	X	X
Sautron	X	X	X	X
Saint-Nazaire	X	X	X	X

La randonnée est reportée en rouge sur la carte IGN

Rivière

Village

IGN n° 3242 OT

1 : 25 000 (1 cm = 250 m)

© FFRP - Reproduction des tracés interdite.

GR, GRP et PR sont des marques déposées.

La forêt (en vert)

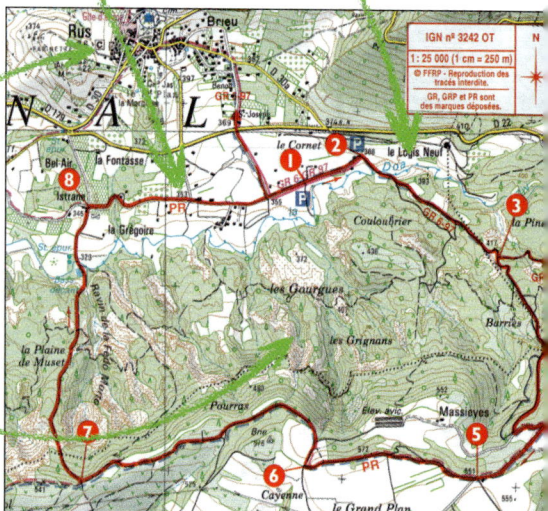

La fabrication de l'ocre

L e minerai brut d'extraction doit être lavé pour séparer l'ocre mar- chande des sables inertes. L'eau délaie la matière brute qui décante pendant le trajet pour ne laisser subsister que de l'ocre pur que le courant emporte dans les bassins. Après plusieurs jours de repos dans les bassins, l'eau de surface ne contient plus d'ocre. La couche d'ocre déposée au fond peut atteindre 70 à 80 cm d'épaisseur. Encore à l'état pâteux, la surface de l'ocre est griffée à l'aide d'un carrelet. Elle est ensuite découpée à la bêche et entassée en murs réguliers où les briquettes d'ocre achèvent de sécher. Le matériau part ensuite pour l'usine où s'achèvera son cycle de préparation : broyage, blutage et cuisson.

Colorado provençal. Photo D. G.

52

Pour en savoir plus

Nom et Numéro de la randonnée

Pour se rendre sur place

3 h — Temps de marche à pied
9 Km — Longueur

Classement de la randonnée :

- 🟩 Très facile
- 🟥 Moyen
- 🟦 Facile
- 🟦 Difficile

Le Sentier des Ocres

Fiche pratique 17

3 h ● km
572m / 345m

Cet itinéraire présente le double avantage d'une découverte à la fois panoramique et intime des ocres.

❶ Du parking, emprunter la route vers l'Est.

❷ Dans le prochain virage à gauche, prendre à droite l'ancien chemin de Rustrel à Viens qui descend vers la Doa. Franchir le torrent. Passer à côté d'un cabanon en ruine. Un peu plus haut, le chemin surplombe un cirque de sables ocreux.

❸ Laisser le GR® 6 à gauche. Plus haut le chemin surplombe le ravin de Barries et le moulin du même nom. En haut du vallon de Barries, prendre à gauche une route.

❹ Au carrefour suivant, tourner à droite.

❺ Après une petite ferme entourée de cèdres et de cyprès, prendre à droite le chemin qui parcourt le rebord du plateau.

❻ Après une courte descente, prendre à droite. Suivre le haut du ravin des Gourgues. Ne pas prendre le prochain sentier sur la gauche. A la bifurcation suivante, prendre à gauche le sentier à peu près horizontal qui s'oriente vers l'Ouest. Un peu plus loin, longer une très longue bande de terre cultivée. Se diriger vers la colline de la Croix de Cristol.

❼ Au pied de celle-ci prendre à droite le sentier qui descend vers Istrane. *Il s'agit de l'ancien chemin de Caseneuve à Rustrel. Une éclaircie ouvre des points de vue sur les pentes ravinées de Couvin, sur la chapelle de Notre-Dame-des-Anges et sur Saint-Saturnin-lès-Apt. Au fur et à mesure de la descente, la végétation change de physionomie pour laisser place à des espèces qui affectionnent les terrains sableux.* Franchir la Doa et remonter la route jusqu'à Istrane.

❽ Au croisement, prendre à droite l'ancien chemin de la poste. Passer à proximité d'une ancienne usine de conditionnement de l'ocre, puis à côté de Bouvène. Avant de regagner le point de départ, on peut remarquer le site des Cheminées de Fées (*colonnes de sables ocreux protégées par des blocs de grès*).

Situation : Rustrel sur la D 22 à 13 km au Nord-Est d'Apt.

Parking communal de Rustrel

Balisage
❶ à ❸ blanc-rouge
❸ à ❶ jaune

⚠️ **Difficulté particulière**
■ passages raides dans la descente sur Istrane

Ne pas oublier

À voir

En chemin
■ Gisements de sables ocreux
■ Chapelle Notre-Dame-des-Anges

Dans la région
■ Roussillon : sentier des aiguilles et usine Mathieu, consacrés à l'exploitation de l'ocre.

53

Description précise de la randonnée

Légende

572m / 345m — Point le plus haut / Point le plus bas

🅿️ Parking

Balisage des sentiers (*voir page 13*)

⚠️ Attention

Prévoir des jumelles

Prévoir une lampe de poche

Emporter de l'eau

Sites et curiosités à ne pas manquer en chemin

Autres découvertes à faire dans la région

Des astuces pour une bonne rando

■ Prenez un petit sac pour y mettre la gourde d'eau, le pique-nique et quelques aliments énergétiques pour le goûter.

Le temps peut changer très vite lors d'une courte randonnée. Un coupe-vent léger ou un vêtement chaud et imperméable sont conseillés suivant les régions.

En été, pensez aux lunettes de soleil, à la crème solaire et au chapeau.

■ La chaussure est l'outil premier du randonneur. Elle doit tenir la cheville. Choisissez la légère pour les petites randonnées. Si la rando est plus longue, prévoyez de bonnes chaussettes.

■ Mettre dans votre sac à dos l'un de ces nouveaux petits guides sur la nature animera la randonnée. Ils sont légers et peu coûteux. Pour reconnaître facile-ment les orchidées sauvages et les différentes fou-gères. Cela évite de marcher n'importe où et d'écra-ser des espèces rares fragiles ou protégées.

■ Pour garder les souvenirs de la randonnée, des fleurs et des papillons, rien de tel qu'un appareil photo.

■ Les barrières et les clôtures servent à protéger les troupeaux ou les cultures. Une barrière ouverte sera refermée.

■ Les chiens sont tenus en laisse. Ils sont interdits dans les parcs nationaux et certaines zones protégées.

■ Etre discret. Les animaux sauvages, souvent farouches, seront plus facile-ment approchés et observables.

■ Certains circuits de ce guide sont praticables à cheval ou VTT. Dans ce cas, cela est indiqué par un pictogramme dans la fiche pratique du circuit.

LE BALISAGE DES SENTIERS

	PR®	GR®	GRP®
Bonne direction			
Tourner à gauche			
Tourner à droite			
Mauvaise direction			

© Fédération Française de la Randonnée Pédestre - Reproduction interdite
Vous pourrez rencontrer d'autres couleurs de balisage sur le terrain. Elles sont indiquées dans la fiche pratique de chaque circuit.

SUIVEZ LE BALISAGE POUR RESTER SUR LE BON CHEMIN.

PR LE CHATEAU 2h

La randonnée : une passion Fédération

2900 associations affiliées sur toute la France organisent des randos accompagnées, pour tous les niveaux, sur une journée ou en itinérance. Rejoignez-les !

Créatrice des mythiques GR®, la Fédération participe à la promotion de la randonnée et défend l'environnement en entretenant les 180 000 km de sentiers balisés.

FFRandonnée
www.ffrandonnee.fr

La Fédération organise des stages de formations adaptés à vos besoins : du brevet d'animateur de randonnée ou de baliseur à l'apprentissage de la lecture de carte et de l'orientation.

La Fédération propose à tous, une assurance et divers avantages pour randonner en toute sérénité, en groupe ou individuellement, avec la licence ou la Randocarte®.

Pour connaître l'adresse du Comité de votre département, pour tout savoir sur l'actualité de la randonnée et découvrir la collection des topo-guides® :

www.ffrandonnee.fr

Centre d'Information de la Fédération Française de la Randonnée Pédestre
14, rue Riquet 75019 Paris - Tél : 01 44 89 93 93
Ouvert du lundi au samedi de 10h à 18h.

Où s'adresser ?

■ Comité Régional du Tourisme (CRT)

Le Comité Régional du Tourisme publie des brochures d'informations touristiques gratuites sur la région :
• **Comité Régional du Tourisme des Pays de la Loire**
2 rue de la Loire, BP 20411, 44204 Nantes cedex 2
tél. 02 40 48 24 20, fax 02 40 08 07 10, e-mail : infotourisme@crtpdl.com,
internet : www.enpaysdelaloire.com

■ Comités Départementaux du Tourisme (CDT)

Les Comités Départementaux du Tourisme publient des brochures d'informations touristiques (gratuites) sur les activités, les séjours et l'hébergement dans le département ainsi que la liste des Offices de tourisme et Syndicats d'initiative :

• **Comité Départemental du Tourisme de la Mayenne**
84, avenue Robert Buron, BP 0325, 53003 Laval cedex, tél. 02 43 53 18 18,
fax 02 43 53 58 82, e-mail : info@tourisme-mayenne.com,
internet : www.tourisme-mayenne.com
• **Comité Départemental du Tourisme de l'Anjou**
Place Kennedy, BP 32147, 49021 Angers cedex 02, tél 02 41 23 51 51, fax 02 41 88
36 77, e-mail : infos@anjou-tourisme.com, internet : www.anjou-tourisme.com
• **Comité Départemental du Tourisme de la Vendée**
8, place Napoléon, BP 233, 85006 La Roche-sur-Yon cedex, tél 02 51 47 88 24,
fax 02 51 47 88 26, e-mail : infos@vendee-tourisme.com,
internet : www.vendee-tourisme.com
• **Comité Départemental du Tourisme de la Sarthe**
19 bis, rue de l'Etoile, 72000 Le Mans, tél. 02 43 40 22 50, fax. 02 43 40 22 51,
e-mail : tourisme@sarthe.com, internet : www.tourisme.sarthe.com
• **Comité Départemental du Tourisme de la Loire-Atlantique**
2, allée Baco, BP 20502, 44005 Nantes, tél. 02 51 72 95 30, fax 02 40 20 44 54,
e-mail : info@loire-atlantique-tourisme.com, internet : www.loire-atlantique-tourisme.com

■ La Fédération française de la Randonnée pédestre

• **Centre d'Information de la Fédération**
Pour tous renseignements sur la randonnée pédestre en France et sur les activités de la Fédération
14, rue Riquet, 75019 Paris, M° Riquet, tél. 01 44 89 93 93, fax 01 40 35 85 67,
e-mail : info@ffrandonnee.fr, internet : www.ffrandonnee.fr.
• **Comité régional de la Randonnée pédestre des Pays de la Loire**
Maison des Sports, 44, rue Romain Rolland, BP 90312, 44103 Nantes, tél. 02 40 58 61 21,
e-mail : crrp.paysdelaloire@wanadoo.fr
• **Comité départemental de la Randonnée pédestre de la Mayenne**
84, avenue Robert Buron, BP 0325, 53003 Laval cedex, tél. 02 43 53 12 91,
e-mail : info@rando53.com, internet : rando53.com
• **Comité départemental de la Randonnée pédestre du Maine-et-Loire**
Maison départemental des Sports, BP 43527, 49 bis rue des Perrins, 49135 Les Ponts-
de-Cé, tél. 02 41 79 01 77, e-mail : cdrp49@wanadoo.fr, internet : http://cdrp49.free.fr
• **Comité départemental de la Randonnée pédestre de la Sarthe**
Maison départementale des Sports, 32 rue Paul Courboulay, 72000 Le Mans,
tél./fax 02 43 43 57 79, e-mail : cdrp72@wanadoo.fr
• **Comité départemental de la Randonnée pédestre de la Vendée**
202, bd Aristide Briand, Maison des Sports, BP 167, 85004 La Roche-sur-Yon cedex,
tél : 02 51 44 27 38, fax : 02 51 44 27 10, e-mail : cdrp85@wanadoo.fr
• **Comité départemental de la Randonnée pédestre de la Loire-Atlantique**
19, avenue du Clos du Cens, 44300 Nantes, tél./fax 02 51 83 17 86,
e-mail : rando44@wanadoo.fr, internet : perso.wanadoo.fr/rando44

Choisissez votre destination : plages, vignobles, châteaux, croisières...

Découvrez les évènements incontournables

www.EnPaysdelaLoire.com

fournisseur d'idées vacances !

Suivez vos envies avec une mine d'idées à la carte

Partez avec nos formules tout compris

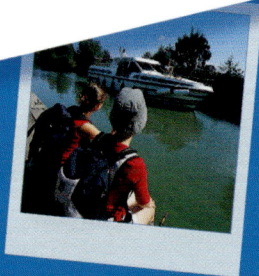

Préparez vos randos avec les «Circuits thématiques» : itinéraires, adresses utiles, vidéos...

www.EnPaysdelaLoire.com

Vous êtes déjà partis !

Découvrir les Pays de la Loire

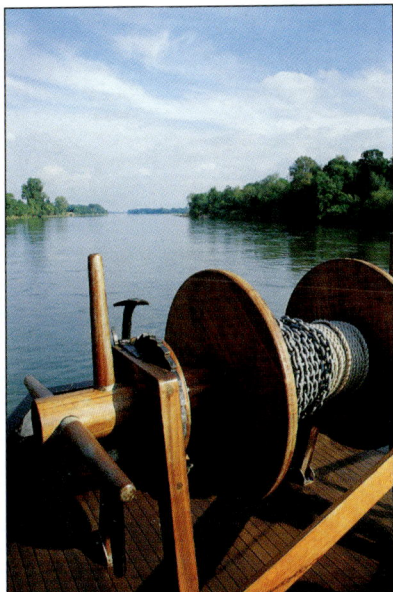

La Loire. *Photo M.-F.Dupas/CRT Pays de la Loire.*

Un carrefour d'héritages

La Région des Pays de la Loire est la réunion composite de cinq départements issus d'anciennes provinces, riches d'un héritage historique et culturel original. La Mayenne et la Sarthe, jadis partie intégrante du Maine, cultivent au nord une humeur déjà normande. Le Maine-et-Loire, au centre de la Région, est une part d'Anjou où l'esprit douce France de la Touraine rencontre celui des terres bocagères de Haute-Bretagne et du Bas-Poitou. A l'ouest et au sud, la Loire-Atlantique et la Vendée affirment les traits de caractère des provinces auxquelles elles ont été soustraites : la Bretagne et le Poitou. La région est aussi un carrefour entre le socle ancien du Massif armoricain et les terrains sédimentaires des Bassins parisien et aquitain. Trait d'union entre les bocages intimistes des terres armoricaines et les horizons lumineux des champs ouverts des plaines, la Loire, depuis son val fertile dit « Jardin de la France »,

jusqu'à son estuaire, porte du grand large, est l'épine dorsale de la région. Autour de ce « fleuve royal », qui fit de Nantes, aujourd'hui capitale régionale, le premier port fluvial et maritime de France, la position centrale des Pays de la Loire sur la façade atlantique européenne leur vaut la renommée de « flèche de l'Arc Atlantique ».

Les lumières du littoral

Dans cette belle diversité de reliefs et d'humeurs, le voyageur sera interpellé par l'histoire, happé par les chemins de traverse, séduit par d'enrichissantes rencontres. Sur la façade atlantique — 450 km de littoral, 210 km de plages, des côtes sauvages, des ports de pêche et de plaisance… — le Marais breton étire son jeu de digues et de canaux jusqu'à la baie de Bourgneuf. Dans ce plat pays où les étiers épousent les rivières côtières, le ciel et la terre s'embrasent dans un prisme rare où Turner a puisé la lumière de ses tableaux. Plus loin, le soleil joue sur les voiles et sur les plages de sable fin où l'enfance est reine, sur les ports de pêche hauts en couleurs du Croisic ou de Saint-Gilles-Croix-de-Vie. Sur la côte d'Amour, la baie de la Baule déploie « la plus belle plage d'Europe » à l'orée des marais salants de

Le Croisic. *Photo M.-F.Dupas/CRT Pays de la Loire.*

Guérande, royaume des oiseaux. Entre la côte de Jade et la côte de Lumière, de Pornic aux Sables-d'Olonne, l'air tonique du large se conjugue au parfum des forêts de pins. Les floraisons exotiques et les oiseaux voyageurs enchantent les îles d'Yeu et de Noirmoutier. La lumière méridionale s'estompe sous le baldaquin de verdure des rigoles et des conches du Marais poitevin, sanctuaire de la vie sauvage. Elle resurgit sur le calcaire doré de la plaine vendéenne, exaltant des chefs-d'œuvre d'art roman et des joyaux Renaissance.

Les facettes du bocage

Au nord-est, la mosaïque des bois et des landes alterne avec de vastes plaines cultivées et de petits bocages dédiés à l'élevage laitier. Les tuiles plates des toits et les clochers vrillés rythment cette campagne qui s'élève en vertes collines des Alpes mancelles au mont des Avaloirs, haut de 417 mètres, point culminant de l'ouest de la France. A ses pieds, dans la campagne bucolique enracinée de vieux pommiers, un verger conservatoire honore le cidre de Mayenne. Tressés de végétation, les vestiges de hauts-fourneaux parlent plus loin des forges et des mines qui rompaient le silence des forêts et des étangs autour de Segré et de Châteaubriant. Les fermes de schiste pourpre coiffées d'ardoise s'harmonisent

Marais poitevin.
Photo D.Morton/ CRT Pays de la Loire.

Viel-Baugé, le clocher tors.
Photo J.-G.H.

aux couleurs de la terre de ce pays confidentiel. Passée la Loire, les toits de tuiles roses et les pins parasols apportent une note méridionale au bocage vendéen. Ses chemins creux ourlés de haies fleuries sillonnent les collines qui culminent au mont Mercure à près de 300 mètres. Dans ces contreforts armoricains où vibre encore le souvenir des guerres de Vendée, la Sèvre et la Maine, souvent fougueuses, ont sculpté des vallons et des gorges parsemées d'innombrables moulins. Aux portes de Nantes, leurs coteaux ruissellent de vigne : c'est le pays du Muscadet !

Maison vendéenne. *Dessin J.Ba.*

La Loire, sauvage et royale

De l'océan à Nantes, la Loire dessine au gré des marées un ample estuaire encadré par deux ensembles naturels d'une richesse biologique exceptionnelle : les marais envoûtants du Parc naturel régional de Brière, aux chaumières pleines de charme, et Grand-Lieu, l'un des plus grands lacs de France. Passé Trentemoult, pittoresque village de cap-horniers, la Loire multiplie ses bras autour du port de Nantes. L'élégance des hôtels des armateurs rappelle le siècle d'or de cette ville pétrie d'art et d'histoire. Mais c'est au château des Ducs de Bretagne que bat le cœur profond de la ville : ici vécut Anne, duchesse de Bretagne et reine de France. En amont, le fleuve parsemé d'îles ondule entre des coteaux boisés d'où surgissent d'élégants châteaux. Ancrée sur son promontoire de schiste, l'abbatiale de Saint-Florent-le-Vieil domine le fleuve, mais les granges sur pilotis des terres basses en disent long sur la furie des crues. On oublie cette belle sauvagerie dans la riante vallée d'Anjou : un jardin de légumes, de fruits, de fleurs… et de vignes ! Saumur, Champigny, Layon : autant de noms évocateurs… La

Abbaye royale de Fontevraud.
Photo D.Morton/CRT Pays de la Loire.

somptuosité de ces paysages ligériens brochés de joyaux, comme l'église romane de Cunault et l'abbaye royale de Fontevraud, ou d'humbles bijoux, comme les maisons troglodytiques creusées dans le calcaire du Saumurois, ont valu au Val de Loire son inscription au Patrimoine mondial de l'UNESCO en novembre 2000.

Vignoble. *Photo J.-P.B.*

Le bocage mayennais.
Photo M.-F.Dupas/CRT Pays de la Loire.

Un bouquet de rivières

Les rivières qui convergent vers le grand fleuve unissent les terroirs dans une même civilisation ligérienne. L'Erdre — la plus belle rivière de France selon François 1er — traverse une campagne brodée de manoirs à l'élégance discrète

Vache charolaise. *Dessin P.R.*

avant d'unir ses eaux au canal de Nantes à Brest. D'écluse en écluse, le voyage sous la voûte des grands arbres a la saveur du mystère. Les vallées sinueuses de la Sarthe, de la Mayenne et du Loir s'acheminent vers la Maine, où le petit port de Bouchemaine

La Brière. Photo CRT Pays de la Loire.

étire ses quais et ses vieilles maisons à l'orée de la Loire. La luxuriance des berges sauvages ponctuées de forêts et de prairies invite à remonter le cours de ces rivières en bouquet. Le long de la Sarthe, le souvenir des Plantagenêts, rois de France et d'Angleterre, demeure dans le style qu'ils ont impulsé à de magnifiques cathédrales. Celle d'Angers domine la ville aux côtés d'une forteresse abritant la plus longue tapisserie du monde. Celle du Mans, l'une des plus belles de France, veille dans l'enceinte gallo-romaine la mieux préservée d'Europe sur de vieilles maisons à pans de bois. A mi-chemin, les rives résonnent des chants grégoriens de l'abbaye de Solesmes. Le moulin de Mervé se mire dans les méandres du Loir et les vins de Jasnière mûrissent dans le tuffeau de ses coteaux. Sur les rives de la Mayenne, le château de Plessis-Bourré illustre la splendeur architecturale de la Renaissance.

Aubépine.
Dessin N.L.

Art de vivre et plaisirs de la nature

Egrenant mégalithes et cités gallo-romaines, donjons et villes corsetées de remparts, joyaux de l'art roman, de la Renaissance ou de la Belle-Epoque, ce voyage à travers deux mille ans d'histoire est aussi celui d'un art de

Parc oriental de Maulévrier. *Photo Parc Oriental.*

vivre. Il s'exprime dans les jardins foisonnant. La douceur océanique a permis l'acclimatation des plantes exotiques débarquées à Nantes par les navires de Louis XIV et a libéré une créativité sans pareil , des « chambres de senteurs » du Jardin des Olfacties à Coex au parc oriental de Maulévrier, le plus grand jardin japonais d'Europe.

De multiples circuits et écomusées invitent à découvrir le patrimoine rural et industriel de cette région où les savoir-faire sont pérennes : la célèbre toile de Mayenne habille les intérieurs contemporains, la faïence de Malicorne porte bien ses trois siècles et les bols à prénom de Pornic font toujours le bonheur des enfants. Le cheval, emblématique de la Mayenne, a généré une multitude de centres équestres et le Vendée-Globe stimule une florissante industrie nautique. L'amoureux des arts se réjouira de la pléiade de festivals qui anime les châteaux, les abbayes ou les ports. Les passionnés de nature seront séduits par la richesse écologique unique en Europe de ces terres situées sur la trajectoire des grands mouvements migratoires. Entre les eaux douces et salées, les marais et les forêts, le florilège des espèces protégées laisse la part belle aux richesses indigènes : le pêcheur à pied et le cueilleur de champignons seront comblés ! Le gastronome appréciera la fraîcheur des huîtres et des moules, le bar en croûte de sel ou le brochet de Loire au beurre blanc. L'exquis bœuf du Maine et les légumes primeurs, les belles volailles concoctées au beurre salé ou à la crème fraîche, au vin ou au cidre, expriment la palette des terroirs. Tout comme les vins, secs, moelleux, pétillants ou fruités, ils déclinent les infinies saveurs de la Loire.

Cathédrale du Mans. *Photo CDT Sarthe.*

Partager

Aménage

Marcher

Communiquer

Rassembler

Le Maine-et-Loire

**Apprécier, admirer son bocage, ses forêts
son fleuve royal, ses moulins
ses châteaux, ses troglodytes
son vignoble, sa faune et flo**

Comité Départemental de la Randonnée Pédestre du Maine-et-Loire

Maison Départementale des Sports
BP 43527 - 49135 Les Ponts-de-Cé
tel: 02.41.79.01.77 - cdrp49@wanadoo.fr

http://cdrp49.free.fr

FFRandonnée

Comité départemental
Maine-et-Loire

Le Maine-et-Loire

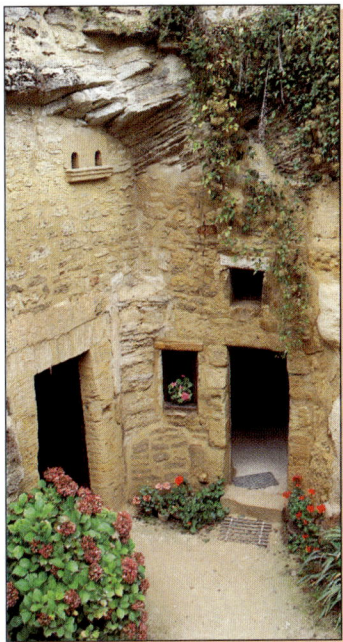

Village troglodytique de Rochemenier.
Photo Village troglodytique de Rochemenier

*C*hoisi comme terrain de randonnée, ce département ligérien séduit par le charme de ses itinéraires et la découverte d'une mosaïque de terroirs traversée par la Loire.

Province d'Anjou jusqu'en 1730, au cœur du Val-de-Loire classé par l'UNESCO au Patrimoine mondial, le Maine-et-Loire se découvre au hasard des chemins si l'on sait s'arrêter, le pénétrer du regard. Sillonné par 500 km de sentiers de Grande Randonnée GR® et GRP® et 3200 km de sentiers de Promenades et Randonnées PR®, le Maine-et-Loire offre des circuits pédestres séduisants par leur diversité paysagère, leur qualité patrimoniale et leur balisage sans faille.

Aussi, le Comité Départemental de la Randonnée Pédestre a sélectionné dix nouveaux itinéraires :

- en Haut-Anjou-Segréen, aux marches de la Bretagne, ancienne région minière
- en région angevine, avec la corniche et les belvédères sur la Loire
- dans le Baugeois, où la forêt est reine et le dépaysement garanti à l'abri des sous-bois rassurants
- dans la vallée de l'Authion, le jardin de l'Anjou, vaste plaine gagnée sur la Loire
- dans le Saumurois, où se conjuguent le mystère des maisons troglodytiques et la noblesse des monuments de tuffeau
- en Loire-Layon-Lys-Aubance, un moutonnement de coteaux orientés vers le sud où les moines ont transformé l'or en vin
- en Pays des Mauges influencé par le souvenir des guerres de Vendée, où les coteaux alternent avec les rives apaisantes de la Loire

Au hasard des chemins, appréciez sans modération la « douceur angevine ».

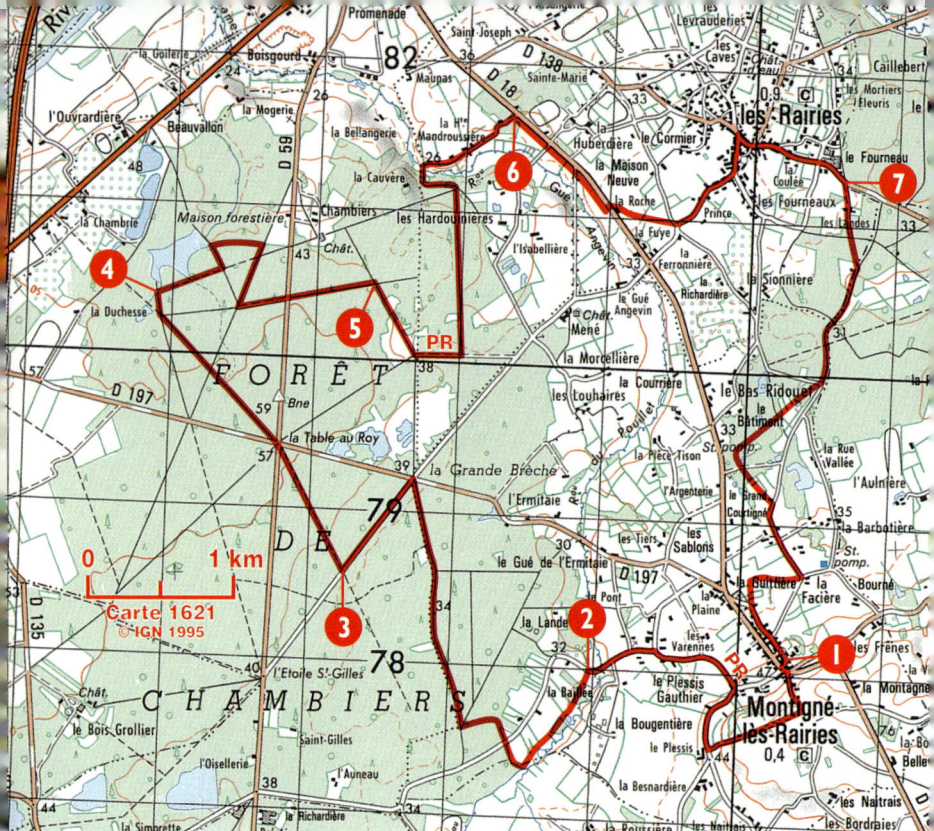

Les briqueteries

Grâce aux richesses naturelles locales (l'argile, l'eau et le bois), le village des Rairies a développé, dès le XIVe siècle, la fabrication de tuiles, briques et carreaux. Deux argiles distinctes étaient utilisées : la rouge de Montigné-les-Rairies et la grise de Durtal, extraites en forêt de Chambiers. L'exploitation du bois pour l'alimentation des fours explique l'aspect morcelé de cette forêt. L'eau, puisée dans un sol imperméable, entrait aussi dans la composition de la terre cuite. La production réalisée était chargée sur des gabares, au port de Chalou, sur les bords du Loir, à destination des grandes villes de la région. Quatre briqueteries contribuent encore de nos jours à pérenniser cette production renommée.

Séchoir aux Rairies.
Photo SI Intercommunal "les Portes de l'Anjou"

Itinéraire d'un briquetier

Au cœur de la forêt de Chambiers, vous découvrirez les carrières d'argile exploitées par les perrayeux des Rairies, permettant, encore aujourd'hui, la production de tuiles, carreaux et poteries.

5 h 20
21,5 km

70 m
26 m — 84 m

Situation Montigné-les-Rairies, à 35 km au nord-est d'Angers par les N 23 et D 197

P **Parking** église

Balisage vert

❶ Partir à droite (sud) de l'église, couper la D 18, monter par la rue du Clos, puis prendre le chemin de terre à droite. Au Petit-Rougebec, emprunter la route à droite, puis la route à gauche sur 800 m. Franchir le ruisseau et poursuivre par la route sur 100 m.

❷ S'engager sur le chemin à gauche. Il oblique deux fois à droite. Couper la route et entrer dans la forêt de Chambiers. A la croisée de chemins, prendre le grand axe à droite, à angle droit, puis continuer en face et déboucher au carrefour routier. Longer la C 7 en direction de Beauveau à gauche sur 600 m.

❸ Prendre le chemin forestier à droite. Passer le carrefour de la Table du Roy et continuer par la grande allée en face. Au bout, se diriger à gauche sur 20 m, puis emprunter le chemin à droite.

❹ Suivre le chemin à droite sur 500 m, tourner à gauche puis, à l'angle de l'étang, à droite. Avant le parking, se diriger à droite sur 400 m, puis virer à gauche, couper la D 59 et continuer en face sur 500 m.

❺ A la croisée des chemins, prendre le deuxième chemin à droite. Au carrefour, tourner à gauche, puis suivre le grand axe à gauche sur 800 m. Au bout, se diriger à gauche. Le chemin vire deux fois à droite et quitte la forêt.

❻ Juste avant la D 18, s'engager à droite sur la sente aménagée le long du champ parallèle à la route. Couper deux routes et, à La Roche, traverser la D 18 *(prudence)* pour continuer par le chemin. Au carrefour, poursuivre par la route qui conduit aux Rairies et passer la mairie. Prendre à droite la rue de Bel-Air (D 138).

❼ Après la briqueterie, partir à droite. Tout droit, passer Les Landes, La Rapinière et poursuivre dans le bois. Traverser la route dans le virage. Au niveau de la retenue d'eau, le sentier se rétrécit. Couper la petite route, tourner à gauche et gagner La Petite-Braudière. Emprunter la route à droite. Contourner la station de pompage pour trouver le petit chemin à droite. Virer à gauche, prendre la route à gauche et rejoindre Montigné-les-Rairies.

À voir

En chemin

■ Montigné-les-Rairies : église Saint-Pierre XIIᵉ-XVᵉ-XIXᵉ (label *ouverte et accueillante*), jardins du château de la Fontaine XIVᵉ-XVIIIᵉ ■ point de vue ■ réserve naturelle de Chambiers (faune et flore) ■ jardins du château de Chambiers XVIIIᵉ ■ carrières d'extraction d'argile ■ Les Rairies : sentier d'interprétation du patrimoine, briqueteries en activité et atelier de poterie

Dans la région

■ Durtal : château XVᵉ-XVIᵉ, manoir du Serrain XVᵉ, sentier d'interprétation du patrimoine

Carte 1521 E
© IGN 1999

L'hélianthème en ombelle

Au détour du chemin, dans les Landes de Boudré, apparaît une petite lande sablonneuse, lieu de prédilection pour l'hélianthème en ombelle. Elle se plaît sur un sol superficiel et sur les coteaux secs. Elle s'adapte facilement à la sécheresse. En quête de soleil en avril et mai, c'est à cette période que l'on voit ses tiges ascendantes, portant des rameaux courts et tortueux, se couvrir de fleurs d'un blanc pur. Afin de sauvegarder cette plante remarquable, en 1998, écoliers, enseignants, amis de la nature l'ont transplantée. L'hélianthème est désormais sauvée. Les carrières des Landes de Boudré sont maintenant déclarées « réserve naturelle ».

Hélianthème en ombelle.
Dessin N.L.

Les landes de Boudré

2 h 20
7 km

46 m
23 m   42 m

Situation Seiches-sur-le-Loir,
à 20 km au nord-est
d'Angers par la N 23

Parking aire de
repos de Boudré, à
3 km au nord du
bourg par la D 601

Balisage
jaune

Ne pas oublier

Partez en famille à la découverte d'un paysage paisible
au cœur du domaine de Boudré. Cygnes, cormorans,
canards et hérons ont pris possession des lieux.

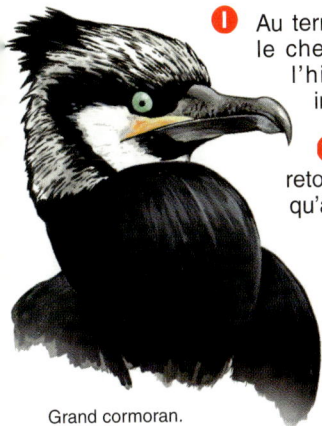

❶ Au terrain de vélo cross, emprunter
le chemin bordé de pins. Il longe
l'hippodrome et mène à une
intersection.

❷ Laisser le chemin du
retour à gauche et poursuivre jusqu'à une fourche.

❸ Emprunter le sentier de
droite sur 30 m, puis encore
le chemin à droite sur 250 m.
Tourner à gauche, croiser un
sentier et continuer en face.
Au bout, suivre le large chemin de terre à droite sur
quelques mètres.

Grand cormoran.
Dessin P.R.

❹ Tourner à gauche. A la croisée des chemins, continuer en face *(point de vue sur la réserve naturelle de
Boudré et le château de la Besnerie)*. Le chemin vire à
gauche et traverse le hameau de Bré.

❺ Prendre le chemin à droite pour contourner les
étangs, puis longer la D 601 à droite sur 1 km.

❻ S'engager à gauche sur le chemin en sous-bois et
retrouver le large chemin de l'aller.

❷ Le suivre à droite pour revenir à l'aire de repos.

À voir

En chemin

■ piste de vélo cross
■ hippodrome départemental
(concours complet annuel)
■ point de vue sur le château
de la Besnerie et la réserve
naturelle du domaine de
Boudré ■ plans d'eau
(anciennes camières de sable)

Dans la région

■ Seiches-sur-le-Loir :
château du Verger XVe
■ Matheflon : site pittoresque
du bourg et de la chapelle XIXe
dominant la vallée du Loir

Bois de Boudré.
Photo C.J.

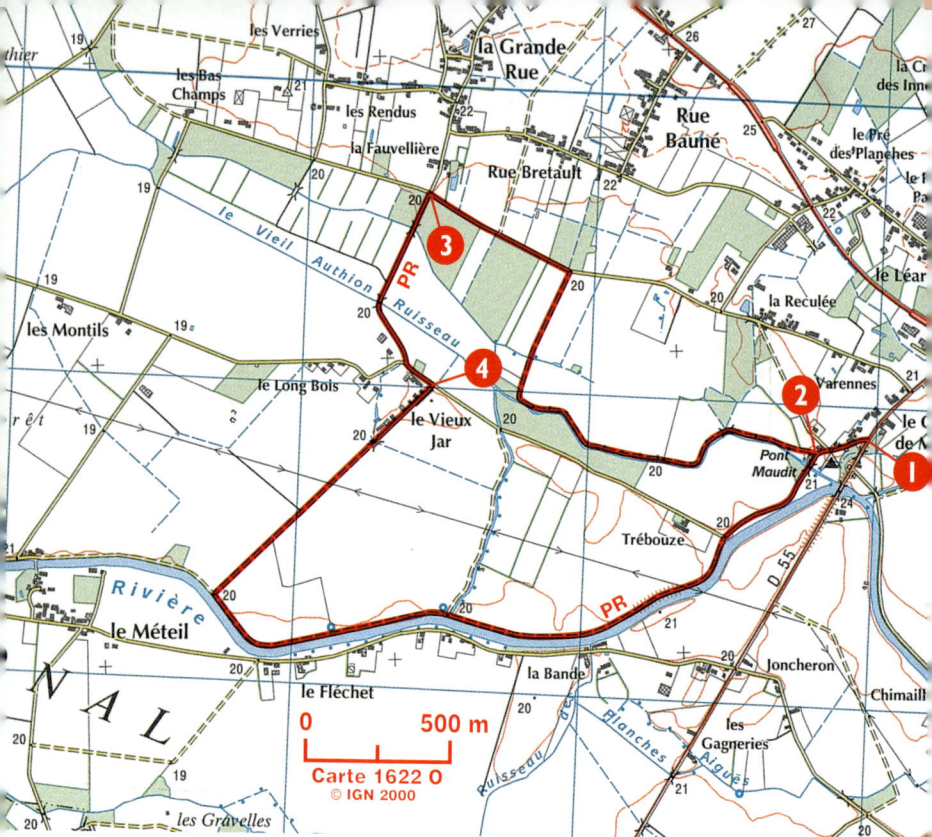

Carte 1622 O
© IGN 2000

Mazé : capitale de la boule de fort

Vers 1850, les mariniers, s'ennuyant, auraient inventé ce divertissement en jouant avec une boule dans la cale de leur bateau. A l'origine en bois très dur, généralement en cormier, ces boules furent ferrées par un certain Pineau. La pratique en plein air ayant peu à peu disparu, ce jeu se joue généralement en salle, sur un terrain spécial : 23 m de long et 7 m de large, de forme concave, se terminant aux extrémités par des madriers sur champ pour arrêter les boules : la planche. Dans la vallée de l'Authion, ce loisir représente une activité à part entière. L'été, les sociétés locales ouvrent leurs portes pour vous initier à la boule de fort.

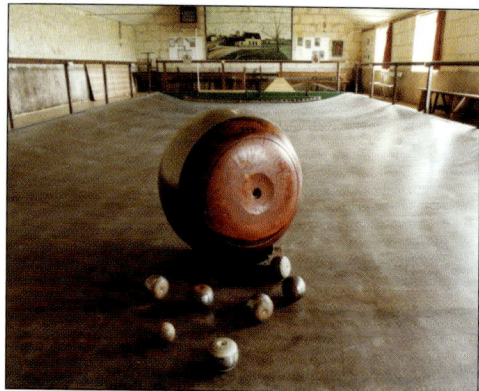

Boule de fort. *Photo A.L.*

Au fil de l'Authion

2 h 10 — 6,5 km

Riche bande alluvionnaire, la vallée de l'Authion est surnommée « la petite Hollande » pour sa fertilité. Maraîchers, horticulteurs et agriculteurs en ont profité pour développer leurs cultures.

Echalote.
Dessin N.L.

Situation Mazé, à 23 km à l'est d'Angers par la N 147

Parking aire de loisirs, à 500 m au sud-ouest du bourg par la D 55 – route de Saint-Mathurin-sur-Loire

Balisage jaune

❶ Du panneau de départ, face à l'ancien camping, continuer la petite route (plein ouest) menant à l'aire de loisirs.

❷ Laisser le pont Maudit à gauche et s'engager sur le chemin à droite, le long du Vieil Authion sur 1 km. Prendre la petite route à gauche.

❸ Au carrefour, emprunter la route à gauche. Laisser la route à droite et gagner Le Vieux-Jar.

❹ Après les dernières maisons, s'engager à droite sur le chemin de falun (sablo-calcaire). Il mène à la rivière. Tourner à gauche le long de l'Authion. Arriver à une petite route, la continuer en face. Passer l'aire de pique-nique et franchir le pont Maudit.

❷ Se diriger à droite pour rejoindre le point de départ.

Carrelet à Mazé. *Photo F.L.*

À voir

En chemin

■ carrelets (filets de pêche suspendus à des perches) au bord de l'Authion ■ cultures horticoles et maraîchères

Dans la région

■ Mazé : château de Montgeoffroy XIᵉ-XVIIᵉ-XVIIIᵉ, sociétés de boule de fort ■ Beaufort-en-Vallée : musée Joseph Denay, circuit de découverte Jeanne de Laval, église Notre-Dame (XVIᵉ au XIXᵉ, orgues, chemin de croix en émail, vitraux), hôtel de ville XIXᵉ, sociétés de boule de fort, entreprises horticoles ■ Fontaine-Guérin : aire de loisirs, clocher tors

Le prieuré de Saint-Rémy

Près de l'église, au fond d'une cour fermée par un mur couronné de mâchicoulis, s'élève l'ancien prieuré bénédictin. Sa base est gothique et ses parties hautes Renaissance. Edifié au XIIᵉ siècle à partir d'une donation faite en 929 par Foulques 1er – Comte d'Anjou – à l'abbaye Saint-Aubin d'Angers, il devient, jusqu'à la Révolution, l'un des plus riches d'Anjou. L'enclos prieural rassemble divers édifices : le logis avec son décor Renaissance sculpté et peint, la salle capitulaire avec ses fresques romanes, l'église de Saint-Rémy-la-Varenne. Après des fouilles archéologiques qui ont révélé un étage inférieur (entièrement dégagé), une campagne de restauration est menée depuis 2002.

Prieuré de Saint-Rémy.
Photo Association du prieuré de Saint-Rémy-la-Varenne

La Loire à Saint-Rémy

3 h
10 km

74 m
20 m 88 m

Situation Saint-Rémy-la-Varenne, à 20 km à l'est d'Angers par les D 952 et D 55

Le parcours recèle de nombreux manoirs, moulins… Au printemps, attardez-vous sur la fritillaire pintade. L'été, les sternes, aigrettes et autres limicoles animent les larges grèves de sable blond…

P Parking après le pont sur la Loire (près du restaurant La Riviera), au nord du bourg

❶ Du parking, passer sous le pont, poursuivre sur 500 m, puis s'engager sur le sentier d'interprétation à gauche et longer la Loire sur 1 km. S'écarter du fleuve et continuer par le chemin.

Balisage

❶ à ❸ jaune
❸ à ❺ blanc-rouge
❺ à ❶ jaune

❷ Prendre le chemin de terre à gauche sur 600 m, virer à droite, couper la D 132 et continuer en face par le sentier de falun (sablo-calcaire) jusqu'à Boissay.

❸ Traverser le carrefour, poursuivre en face, contourner le bois par la droite, puis emprunter la petite route à droite. Passer le moulin de Rochereau et continuer par le chemin. Prendre la route à droite *(lavoir)*, la route à gauche, couper la D 21 et aller en face.

⚠ Difficulté particulière

■ circuit impraticable en cas de crue de la Loire entre ❶ et ❷ puis entre ❺ et ❶

Ne pas oublier

❹ Emprunter le chemin à gauche, la D 55 à droite sur 20 m, puis le sentier à gauche. Il traverse le bois de Saint-Rémy. Prendre la route à gauche sur 150 m puis, au manoir de Perchard, le chemin à droite. Continuer par la route sur 200 m, partir à droite et passer Chauvigné à droite.

À voir

En chemin

■ pont de la Loire ■ bords de Loire (sentier d'interprétation) ■ Rochereau : moulin-tour et lavoir ■ Chauvigné : manoir XVIᵉ ■ boire (bras mort) des Groseilliers

❺ Continuer par la route en face *(manoir)*. Longer la D 132 *(prudence)* sur 350 m à droite, puis s'engager sur le sentier à gauche. Se diriger à gauche le long de la boire des Groseilliers, puis franchir le bras mort sur la passerelle et poursuivre sur la rive de la Loire jusqu'au parking.

Dans la région

■ Saint-Rémy-la-Varenne : église Xᵉ, Le Prieuré (logis XIIᵉ-XVIIᵉ, fresques romanes XIIᵉ, église Xᵉ-XIVᵉ), chapelle Saint-Jean, Bourg-Dion : moulin à vent, dolmen de la Bajoulière (3 040 avant J.-C.) ■ Gennes : amphithéâtre gallo-romain

Fritillaire pintade.
Dessin N.L.

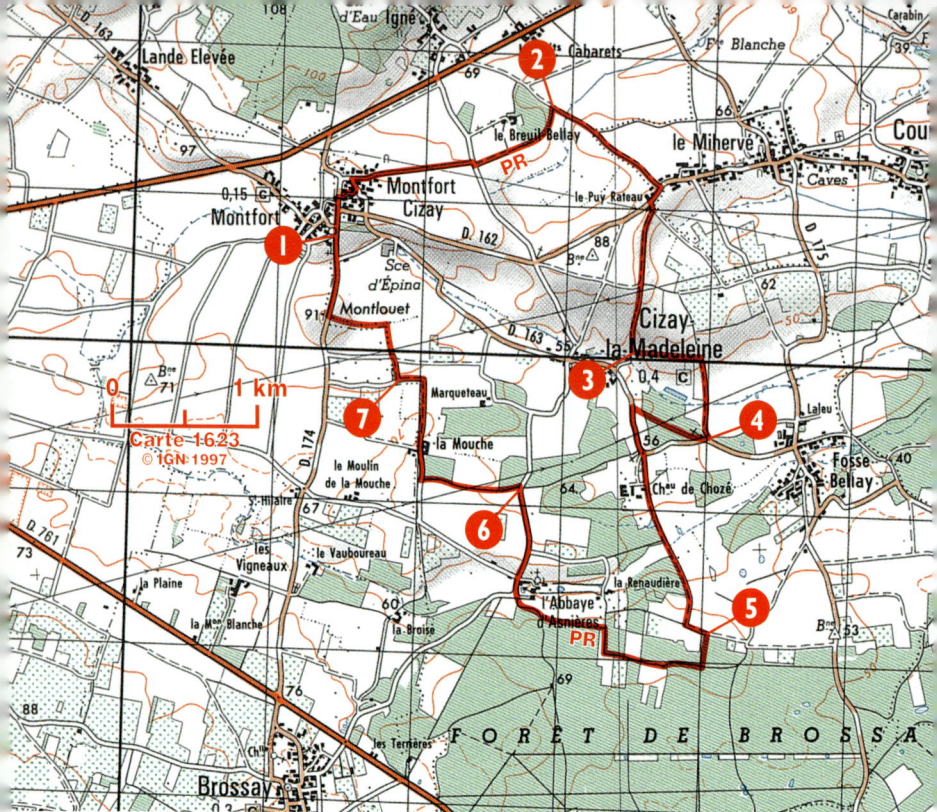

L'abbaye d'Asnières

V ers 1114, Giraud de Berlay, seigneur de Montreuil-Bellay, concède la terre d'Asnières à Bernard d'Abbeville, fondateur de l'ordre de Tiron, qui y établit quelques religieux. En 1129, au moment où Robert d'Arbrissel construit l'abbatiale de Fontevraud, il fait ériger celle d'Asnières aujourd'hui en ruines. En pleine prospérité, elle est saccagée en 1569 par les huguenots. Il n'y reste plus alors que six religieux. Au XVIIIe siècle, les Jésuites de La Flèche en ont la garde et célèbrent la messe le dimanche jusqu'à la Révolution. L'abbatiale est alors vendue comme bien national en 1790 et la nef détruite en 1853. L'utilisation des pierres pour la construction aux alentours cesse en 1901, grâce au rachat par Chappée, grand industriel sarthois spécialisé en fonderie.

Abbaye d'Asnières.
Photo J.B.

32

Autour de l'abbaye d'Asnières

3 h 10
12,5 km

94 m
44 m / 76 m

Situation Montfort, à 10 km à l'ouest de Saumur par la D 960

Parking place de l'Eglise

Balisage jaune

Cette agréable balade à travers la plaine agricole permet de découvrir le riche patrimoine bâti de la région.

❶ Prendre la rue de Brossay en direction de Saumur, la rue de la Cour-du-Four à droite, la rue à gauche et la rue de Breuil-Bellay à droite sur 900 m. Couper la route et poursuivre par le chemin de terre décalé à droite. Contourner le parc de l'ancien monastère de Breuil-Bellay par la droite.

❷ Tourner à droite et monter vers Mihervé *(propriété XVIIIe)*. Prendre la D 162 à droite, partir à gauche et, à la fourche, se diriger à droite. Le chemin descend.

Martin-pêcheur.
Dessin P.R.

❸ Avant le creux du vallon et le virage, prendre le chemin de terre à gauche. Tourner à droite, longer le bosquet, franchir le vallon et gagner la croix Beausse.

❹ Avant la D 163, s'engager sur le chemin à droite. Emprunter la D 163 à gauche, continuer la petite route en face. Elle longe le château de Chozé et franchit un vallon. Au bout, tourner à gauche.

❺ S'engager sur le sentier à droite. Il entre dans la forêt de Brossay. Tourner à droite, sortir du bois et, après trois lisières, virer à droite toujours en lisière. Longer la lisière à gauche. Partir à droite et gagner tout droit l'abbaye d'Asnières. Continuer par la route, passer l'abbaye *(ferme à l'arrière ; vente de fromages de chèvre et de vin, visite de l'abbaye et de l'abbatiale)* et poursuivre au nord.

❻ Au carrefour, prendre le sentier à gauche en lisière du bois. Emprunter la petite route à droite et passer La Mouche, entre ferme et château. Le chemin tourne à gauche.

❼ Partir à droite. Au bout, virer à gauche, puis emprunter la D 174 à droite pour regagner le village *(vue sur le château d'Epina qui domine la plaine)*.

À voir

En chemin

■ Montfort : église XIIIe-XVIIe ■ ancien monastère du Breuil-Bellay XIIe ■ Cizay-la-Madeleine : mairie XVIIIe, église XIIe-XVIIIe (clocher en pierre) ■ château de Chozé XVIIIe ■ L'abbaye d'Asnières : abbatiale XIIIe à chevet plat, pigeonnier polygonal, manoir et château, ferme ■ château de la Mouche XVIIIe ■ château d'Epina XVIIIe

Dans la région

■ Montreuil-Bellay : château XIIe-XVe et cité médiévale ■ Le Coudray-Macouard : atelier de girouetterie, magnanerie du Coudray ■ Doué-la-Fontaine : roseraie, parc zoologique ■ Saumur : Cadre Noir, château (XIVe), musée des blindés

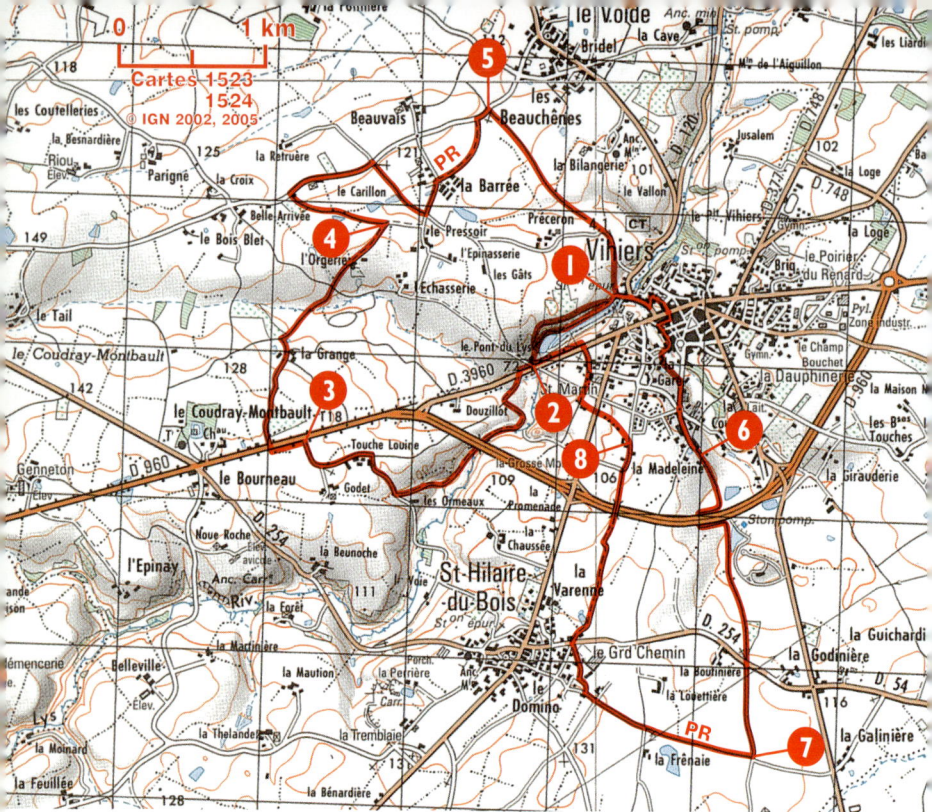

Map labels include: 0, 1 km, Cartes 1523, 1524, © IGN 2002, 2005, le V.oide, Bridel, la Cave, Anc. mil, M° de l'Aiguillon, les Liardi, 118, les Coutelleries, Beauvais, les Beauchênes, la Besnardière, Jusalem, 102, la Loge, Riou Elev, Parigné, la Croix, 125, la Retruère, le Carillon, la Barrée, PR, la Bilangerie, 101, le Vallon, D.748, le Pressoir, Préceron, le P^t Vihiers, la Loge, 149, Belle Arrivée, le Bois Blet, l'Orgerie, l'Épinasserie, les Gâts, Vihiers, St^{on} pomp, le Poirier, du Renard, Échasserie, Pyl., Zone Industr., le Tail, le Coudray-Montbault, 128, la Grange, D.3960, le Pont-du-Lys, Gymn., le Champ Bouchet, la Dauphinerie, la Maison D, les B^{es} Touches, 142, le Coudray-Montbault, 118, Douzillot, la Marin, la Gare, le Lait, la Giraudière, Genneton, D.960, le Bourneau, Godet, Touche Louine, 109, la Grosse M., 106, la Madeleine, St^{on} pomp, Noue-Roche, les Ormeaux, la Promenade, Anc. Carr., Riv, la Forêt, 111, la Chaussée, la Varenne, l'Epinay, la Beunoche, St-Hilaire-du-Bois, St^{on} épur., D.254, la Guichardi, la Godinière, mencerie, Belleville, la Maution, la Perrière, Anc. M., Porch., le Grd Chemin, la Boutinière, la Louettière, 116, la Galinière, D.54, la Martinière, la Thelande, la Tremblaie, le Domino, 131, PR, la Frênaie, la Moinard, la Bénardière, 128, la Feuillée

① ② ③ ④ ⑤ ⑥ ⑦ ⑧

Au fil du Lys

Le Lys. *Photo mairie de Vihiers.*

Cette rivière, longue de 29 km, naît à La Tourlandry et parcourt la campagne. Venant de Saint-Hilaire-du-Bois, elle sert de limite entre Le Voide et Vihiers sur 9,5 km, et se jette dans le Layon, entre Aubigné et Mâchelles. Le Lys donnait vie à quarante moulins à eau. Les sentiers parcourus révèlent un relief ondulé, entaillé de vallées aux pentes douces ou au contraire encaissées. L'habitat du Vihiersois présente deux styles architecturaux opposés et marque une ligne de partage géologique : le passage de l'ardoise angevine à la tuile poitevine, du schiste des Mauges au calcaire du Saumurois. Un commerce considérable de bestiaux, volailles, froment... a de tout temps alimenté les foires locales.

Au fil du Lys

Erigé en comté en 1577, Vihiers est un centre urbain actif. Dans un espace rural d'élevage, de viticulture et de polyculture, profitez du calme et parcourez les coteaux verdoyants généreusement baignés par le Lys.

4 h 30 – 18 km

127 m / 65 m – 138 m

Situation Vihiers, à 40 km au sud d'Angers par les N 160 et D 748

P **Parking** aire de pique-nique de l'étang du Lys

Balisage

❶ à ❶ bleu (boucle nord)
❶ à ❷ jaune (boucle sud)

❶ S'engager sur le chemin qui longe l'étang du Lys et déboucher sur la D 960.

❷ La longer à droite *(prudence)* et, face à la motte féodale en partie arasée, partir à gauche et suivre la vallée du Lys. Monter par la route à droite. Elle vire à gauche puis à droite.

❸ Avant la D 960, s'engager à gauche dans la peupleraie, traverser la route *(prudence)*, puis gagner La Grange. Poursuivre par le chemin, tourner à droite, laisser la variante à droite et passer L'Orgerie. Continuer par la route.

❹ Emprunter l'allée herbeuse à gauche. Prendre la route à droite. A la croix romaine, s'engager sur le chemin à droite. Suivre la route à gauche. A La Barrée, bifurquer à droite et, au bout, virer à droite pour gagner la croix Soc.

❺ Descendre par le chemin herbeux à droite *(haut-lieu des guerres de Vendée)* et, 50 m avant le carrefour, remonter par le sentier à droite pour rejoindre l'aire de pique-nique.

❶ Tourner à gauche, puis longer la motte féodale près de la maison de Maupassant *(la Retruette serpente dans les douves)*. Traverser la route, monter par la rue du District, laisser à droite l'ancienne gare du Petit-Anjou et gagner le calvaire du champ de foire.

❻ Poursuivre par le sentier herbeux qui passe au pied de la colline des Montious. Couper la D 254 *(chapelle Richard)* et continuer tout droit.

❼ S'engager sur le chemin à droite. Passer deux croisements, poursuivre sur 100 m, puis obliquer à droite. Partir à droite. Au calvaire, traverser la D 254, continuer par le Vieux chemin et bifurquer à droite. Se diriger à gauche, puis emprunter la route à droite.

❽ Descendre à gauche par le sentier et couper la D 25. Tourner à droite, passer tout droit Saint-Martin et atteindre l'oratoire. Longer la D 960 sur 250 m.

❷ A droite, rejoindre le point de départ en empruntant sur 250 m l'itinéraire aller, puis terminer en empruntant le sentier surplombant l'étang.

À voir

En chemin

■ croix Soc XVIIe (homme blessé avec soc de charrue) ■ moulins de Galerne et de la Bilangerie ■ Vihiers : château de Maupassant XIe-XVIIIe, château du Coudray-Montbault XIIIe, vieux quartiers de Vihiers, église XIXe (vitraux) ■ Saint-Hilaire-du-Bois : église XIe-XIXe (label *ouverte et accueillante* ; fresques), motte féodale ■ Saint-Martin : chapelle ■ plan d'eau

Dans la région

■ Vihiers : chapelle Saint-Jean XIIe ■ Aubigné-sur-Layon : village pittoresque, église (fresques) et château ■ La Fosse-de-Tigné : château de la Petite-Ville ■ Montilliers : église (vitraux classés), lavoir du Voide

0 1 km
Cartes 1422 - 1522
1423 - 1523
© IGN 1982, 1986, 1997, 2005
Chalonnes-sur-Loire
Rochefort-sur-Loire
Chaudefonds-sur-Layon
St-Aubin-de Luigné
Ardenay
la Haie Longue
l'Alleud
le Port Girault
l'Onglée
la Croix Brouillet
le Louet
le Ponceau
la Chapelle
les Robins
le Grd Aireau
l'Aireau des Joulains
la Grand Prée
la Roche Aireau
la Pierre Blanche
Pic Martin
St Lézin
la Chevrie
l'Eperonnière
le Pt Beauvais
le Grd Beauvais
Rigal
les Barres
la Genaiserie
le Pavillon
le Vaux
la Piécière
la Thébouderie
le Roc
la Dressière
le Pin
la Brosse
St Charles
Longhomme
les Places
Montaigu
la Bodinière
le Pressoir Rouge
les Petits Frenays
les Aireaux
le Pâtis
le Frémoir
Chardonnetterie
Ile Mureau
Centre Hippique
la Croix de Rollay
D 210
D 106
D 961
1
2
3
4
5
6
7
8
9

La Corniche Angevine

Parcourez les hauteurs de la Corniche Angevine qui ménage de larges panoramas sur la vallée de la Loire, au milieu des coteaux du Layon. Vous découvrirez également d'anciens villages de charme.

1 Partir en face (panneau *toutes directions*), tourner à gauche vers le mini-golf, descendre au plan d'eau *(confluent du Layon et de la Loire)* et franchir la passerelle. Longer la rivière.

2 Utiliser l'escalier pour atteindre la Vierge au Raisin. Emprunter l'avenue des Marzelles, traverser le lotissement par la rue Pasteur puis l'allée Vaslin et grimper par le raidillon à la tour carrée. A droite, longer la route dans la vigne et passer au-dessus de la voie ferrée.

3 Monter par la route à gauche. Après Beausoleil, emprunter à gauche la sente aménagée. Se diriger à gauche vers la cabane de vigne. Le chemin vire à droite. Tourner à gauche, traverser Roc et continuer en surplomb *(vue sur les moulins d'Ardenay)*. A hauteur de la chapelle des Mines, poursuivre à droite et remonter le coteau. Couper la route, aller à gauche puis à droite en bordure des vignes.

4 Prendre le chemin à gauche, la rue à gauche, la rue des Grands-Crus sur 300 m, puis la D 121 à droite sur 50 m et la voie à gauche.

5 Partir à gauche, suivre la D 751 à droite sur 10 m, puis descendre par le sentier qui conduit à la mine des Malécots. Continuer dans les vignes, passer Le Noulis, puis gagner La Haie-Longue et tourner à droite.

6 Virer à gauche, couper la D 751 *(prudence)* et monter par le chemin à gauche. Il s'incurve à droite. Continuer par la route sur 20 m et, au carrefour, s'engager sur le chemin à gauche. Tourner deux fois à droite puis à gauche dans la vigne, couper la route et poursuivre en face sur 100 m. Partir à gauche, longer le bois, passer Tartifume et gagner le moulin Guérin *(table d'orientation)*. Se diriger à gauche.

7 Tourner à gauche. Au Petit Beauvais, prendre le chemin à droite, couper la route et continuer en face. Virer à droite, obliquer à gauche, descendre dans les vignes à gauche et passer près du moulin Géant. Gagner l'église de Rochefort-sur-Loire.

8 Continuer jusqu'au Louet et franchir le pont pour trouver le parking **9**.

---

3 h 30 — 14 km

94 m · 19 m · 133 m

Situation Chalonnes-sur-Loire, à 25 km au sud-ouest d'Angers par les N 23 et D 961

Parking caveau, en face de la piscine

Balisage

1 à **3**	blanc-rouge
3 à **4**	jaune
4 à **5**	blanc-rouge
5 à **6**	jaune
6 à **8**	blanc-rouge
8 à **9**	jaune

Difficulté particulière

■ circuit linéaire (prévoir le retour soit en bus soit en déposant un véhicule à l'arrivée et un véhicule au départ) ■ utiliser le pont au lieu de la passerelle l'hiver après **1**

À voir

En chemin

■ chapelle Sainte-Barbe-des-Mines XIXe ■ terril des Malécots ■ site du village de La Haie-Longue ■ Clos-de-l'Aiglerie XVIIIe ■ moulin Guérin (table d'orientation) ■ Rochefort-sur-Loire : moulin Géant, plage au bord du Louet, maison de la Vallée

Dans la région

■ Chaudefonds-sur-Layon : moulins d'Ardenay fin XVIIIe ■ Béhuard : village pittoresque

La Corniche Angevine

La Corniche Angevine est le résultat d'un passé géologique tourmenté. Pendant des millions d'années, ce secteur a subi les conséquences de mouvements tectoniques, des intrusions maritimes, du volcanisme et de l'érosion. Ces phénomènes ont engendré des plissements, des cassures et des transformations de roches. Sont alors apparus un vaste éperon rocheux qui culmine à une centaine de mètres - la Corniche Angevine - en contrebas, la Loire, le Louet et le Layon, et dans le sous-sol, des veines de houille. Ces éléments naturels ont fortement contribué au développement des activités humaines. La Loire et le Layon ont fertilisé les sols et servi d'axes naturels de communication. Le charbon a été exploité essentiellement au XIXe siècle mais le dernier wagon est sorti en 1964 de la mine des Malécots.

Aujourd'hui, les traces visibles de cette activité sont architecturales. La chapelle Sainte-Barbe-des-Mines a été construite entre 1858 et 1860 pour les mineurs des villages d'Ardenay et de La Haie-Longue.

Le Layon à Chalonnes. *Photo CDRP 49.*

Les vins de la douceur angevine

Vignobles. *Photo J.-P.B.*

La Loire et son affluent le Layon offrent aux vignerons de nombreuses possibilités pour l'implantation et le travail de la vigne. Les deux cours d'eau sont bordés de coteaux créant un relief rare en Anjou. Le climat tempéré des vallées, la pluviosité la plus faible de la région, le sol et le sous-sol conviennent particulièrement à la vigne. Les Coteaux du Layon, les Coteaux du Layon Saint-Aubin, Coteaux du Layon Rochefort, Chaume premier cru, sans oublier le grand Quart de Chaume – issus du chenin délicatement vendangé par tries successives, c'est-à-dire ramassé en plusieurs fois – sont particulièrement appréciés en apéritif. Outre ces vins liquoreux, la région offre une palette variée pour accompagner les repas : l'Anjou blanc, complexe et fin à la fois ; le rosé Cabernet d'Anjou, aux arômes de petits fruits rouges ; l'Anjou, velouté et rond ; l'Anjou Village, plus structuré grâce à des tanins soyeux. Par ailleurs, Rosé d'Anjou, Rosé de Loire, Crémant de Loire sont à déguster dans la région.

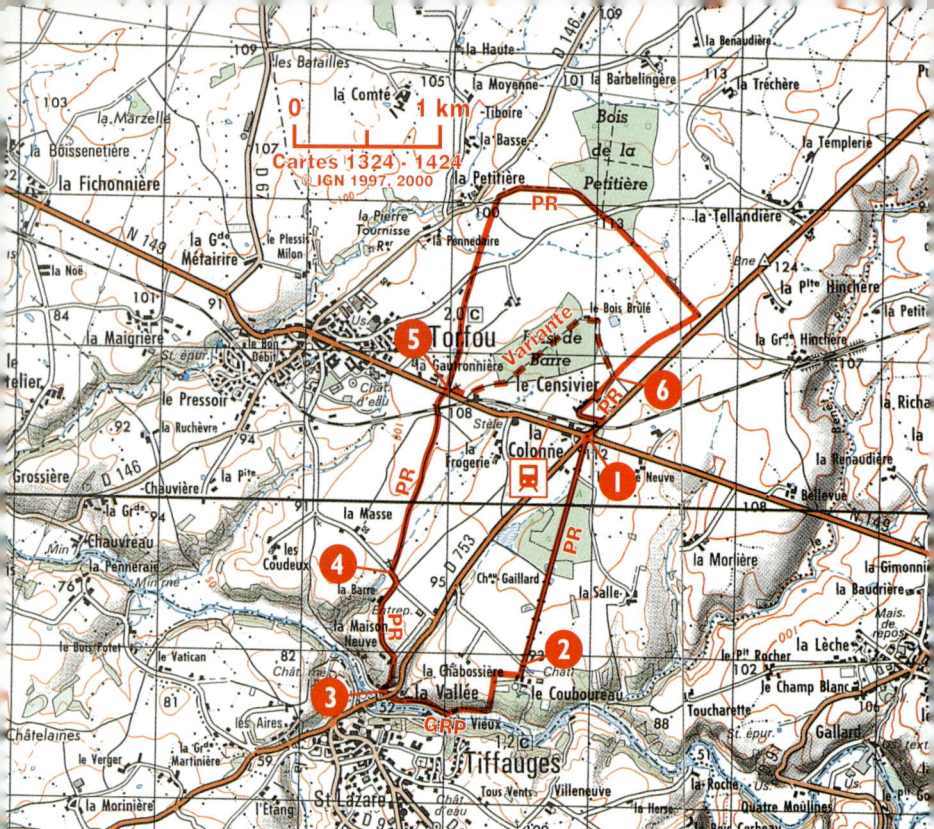

Map labels (selection): les Batailles, la Haute, la Benaudière, la Comté, la Moyenne, la Barbelingère, la Tréchère, la Marzelle, Tiboire, la Templerie, la Boissenetière, la Basse, Bois de la Petitière, la Fichonnière, la Petitière, PR, la Tellandière, N 149, la Gde Métairire, la Pierre Tournisse, la Pennedrire, la Pte Hinchère, la Noë, le Plessir Milon, Ene 124, la Maigrère, St épur, le Bon Débit, **5** Torfou, la Gde Hinchère, le Bois Brûlé, la Petit, St épur, la Barre, le Pressoir, Chât d'eau, Gaufronhière, Variante, **6**, à Richa, le Censivier, Chauvière, la Pte, la Ruchèvre, la Frogerie, la Colonne, la Renaudière, Grossière, D 146, Stèle, la Masse, Neuve, Bellevue, N 149, Chauvreau, les Coudeux, **1**, la Morlière, la Pennerais, **4**, la Gimonnie, la Baudrière, Chât Gaillard, la Salle, Mais. de repos, le Bois Folet, le Vatican, Chân, la Barre, **PR**, la Lèche, Plt Rocher, la Maison Neuve, la Chabossière, Chât, le Couboureau, le Champ Blanc, **3**, la Vallée, Touchartte, Gallard, Châtelaines, les Aires, GRP, Vieux, St épur, le Verger, la Gde Martinière, **2**, Tous Vents, Villeneuve, la Roche, Quatre Moulins, Tiffauges, la Herse, la Morinière, St Lazare, Chât d'eau, l'Étang

Scale: 0 — 1 km
Cartes 1324 - 1424
© IGN 1997, 2000

La bataille de Torfou

Près du carrefour de la Colonne débute le 19 septembre 1793 une des plus grandes batailles des guerres de Vendée. Elle oppose l'armée vendéenne ayant à sa tête d'Elbée, Bonchamps, Charrette, Lescure, Royrand, aux troupes républicaines du général Kléber. Dès le début, Kléber se rend maître du bourg de Torfou. La bataille tournant en déroute, les femmes des villages avoisinants obligent leurs hommes à retourner au combat. Les Vendéens réussissent à repousser les "Mayençais". Cette victoire va être de courte durée car un mois plus tard ils seront battus. En souvenir de ce

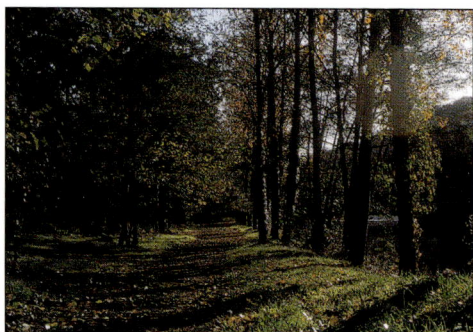

Bois à Torfou. *Photo Ph.P.*

succès, le marquis de la Bretesche éleva en mémorial : la Colonne. La pose de la première pierre eut lieu le 19 septembre 1826.

Circuit de la Colonne

2 h 40
8 km

119 m
48 m

Imaginez les troupes de soldats-paysans à l'époque de la bataille de Torfou ou, plus loin dans le temps, l'imposante et redoutable forteresse de Barbe-Bleue qui domine la vallée de la Sèvre Nantaise. Une randonnée historique...

Situation Torfou, à 18 km à l'ouest de Cholet par la D 753

Parking hameau de La Colonne, à 1 km à l'est du bourg par la N 149

Balisage

❶ Du parking, se diriger vers la colonne et prendre l'allée située entre les routes de Poitiers et de Saint-Jean-de-Monts. Elle mène au château de Courboureau.

❷ Avant la grille, tourner à droite et descendre par la voie romaine. Continuer par le chemin, traverser Le Foulon, longer la rivière et arriver à La Vallée. Se diriger à gauche, passer sous la D 753 et déboucher sur une route perpendiculaire.

❸ La prendre sur 10 m à droite. Gravir à gauche le raidillon, puis monter à Maisonneuve. Atteindre un arceau de végétation, bifurquer à gauche *(point de vue sur le château de Gilles de Rais)*, passer La Barre, puis se diriger à gauche sur 100 m.

❹ Emprunter le chemin à droite, franchir le pont de la voie ferrée et traverser la N 149 *(prudence)*.

▶ Variante par le bois de Barre (circuit de 7,5 km) : voir tracé en tirets sur la carte.

❺ Continuer en face *(croix de la Gautronnière)* puis par le chemin. Couper la route, poursuivre par le sentier en face, puis tourner à droite. Le chemin passe en lisière du bois de la Petifière. Traverser la route et aller tout droit. Avant la D 753, virer à droite.

❻ Continuer. Au Censivier, poursuivre tout droit, longer la voie ferrée à gauche et retrouver La Colonne à droite.

❶ à ❷	jaune
❷ à ❸	jaune-rouge
❸ à ❺	jaune
❺ à ❻	jaune pointillés
❻ à ❶	jaune

À voir

En chemin
■ colonne de la bataille de Torfou ■ château de Couboureau (incendié à la Révolution et reconstruit de 1805 à 1885) ■ voie romaine ■ chapelle romane de la Foire ■ nombreux calvaires, souvenirs des guerres de Vendée

Dans la région
■ Tiffauges : château de Gilles de Rais (Barbe-Bleue) ■ Saint-André-de-la-Marche : musée de la Chaussure ■ Cholet : musée d'art et d'histoire des Guerres de Vendée, musée du Textile Choletais, ferme de la Goubaudière (arts et traditions populaires), lac du Verdon (site ornithologique), menhir de la Bretaudière (le plus haut du Maine-et-Loire), menhir de granit rose de la Bretellière

Frêne têtard.
Dessin N.L.

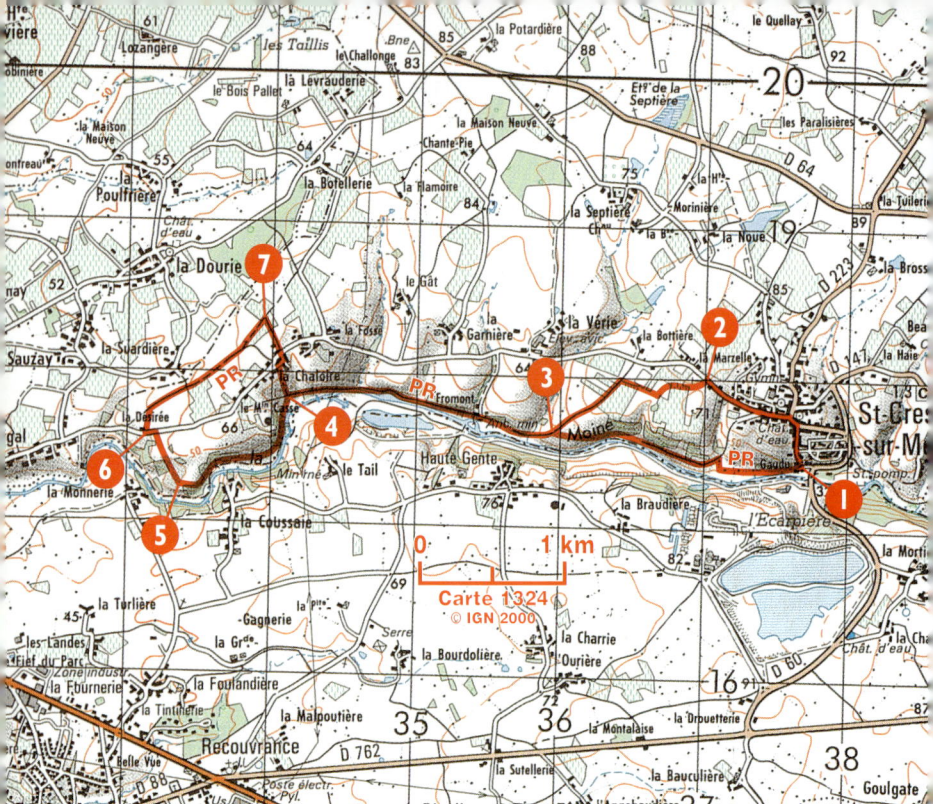

La Moine

Typique des Mauges, cet affluent de la Sèvre Nantaise, torrentielle et sujette aux crues, dessine un relief marqué. Sa vallée encaissée, bordée de superbes petits villages, comporte une quinzaine d'anciens moulins dont deux minoteries hydrauliques fonctionnent encore. Des bâtiments témoignent de l'intense activité de meunerie, foulonnage, filature et tannerie que le secteur connut ces trois derniers siècles.

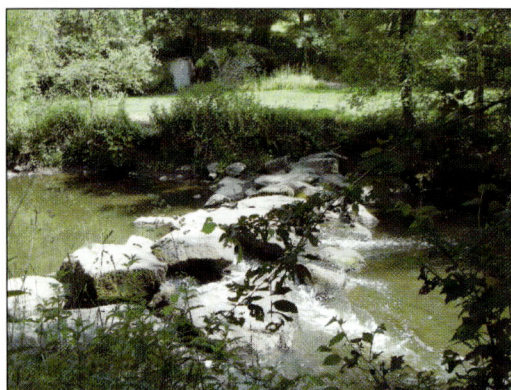

L'église du village est d'ailleurs dédiée à saint Crespin, patron des tanneurs et des cordonniers. Royaume des pêcheurs, la Moine traverse un territoire essentiellement agricole puis viticole aux abords de Clisson (AOC Muscadet de Sèvre-et-Maine), avant de rejoindre Cholet

La Moine. *Photo M.M.*

La pierre de l'Ecuelle

3 h
12 km

70 m
26 m

Situation Saint-Crespin-sur-Moine, à 28 km au nord-ouest de Cholet par les N 249 et D 223

P **Parking** maison de la nature

Balisage jaune

Dans un paysage bocager, au fil de la Moine, découvrez les moulins à vocation industrielle et les coteaux viticoles.

❶ Gravir la côte du Gaudu, puis tourner deux fois à gauche pour emprunter la route de Clisson jusqu'à la croix Couprie.

❷ Prendre le chemin à gauche, traverser les vignes, puis descendre sur les bords de la Moine.

❸ Laisser le chemin à gauche, longer la rivière, traverser Fromont et poursuivre jusqu'aux Quatre-Chemins.

Chélidoine.
Dessin N.L.

❹ Tourner à gauche vers la Moine, passer au pied du moulin Cassé *(cœur gravé dans le roc par un Vendéen)*, longer la vallée, puis gravir le coteau par le sentier à droite et atteindre la pierre de l'Ecuelle.

❺ Reprendre le chemin, remonter le coteau puis filer sur environ 600 m. Emprunter la route à gauche sur 40 m.

❻ S'engager à droite sur le chemin qui traverse les vignes.

❼ Tourner à droite. A La Chaloire, couper la route, tourner à droite, puis descendre à gauche et retrouver les Quatre-Chemins.

❹ Virer à gauche et longer à nouveau la rivière.

❸ A l'intersection de l'aller, poursuivre dans la vallée et parvenir à l'espace botanique. Continuer le long de la Moine sur 500 m, puis gravir à gauche le chemin de Gaudu pour regagner le point de départ.

À voir

En chemin

■ maison de la nature (rétrospective de l'ancienne mine d'uranium et du cycle de l'eau par des maquettes animées) ■ pierre de l'Ecuelle (bloc de granit érodé) ■ chapelle des Ecluseaux XIIe ■ espace botanique de Bikini

Dans la région

■ Montfaucon-sur-Moine : cité historique ■ Clisson : domaine de la Garenne-Lemot et architecture italienne de la ville ■ vallée de la Sèvre Nantaise

la Révachère — la Rinquehère — Brandonné
Malabry — la Gasnerie — la Métairie du Bourg — Bellevue — la Brosse — les Barotaies
Pied de Manche
Tertre de Vallière — 44 — 44 — la Besnerie — 0,9 C — Loiré — la Masse
49 — la Beausse — Vallière Chât. — 51 — Chât. — 76 — 54 — la Porter
50 — les Aulnaies — le Pré Neuf — le Gué — St. épur. — Coop. — 39 — la Bellangeraie — la Peroussaie — la Jollaie — la Rondinière — la Rivière d'Orveaux
les Essarts — le Chêne — la Millardaie — la Chevalerie — la Chaumettellière — 53 — 75 — l'Ogerie — Chât.
la Lande — la Pilletais — la Richeraie — 0 — 1 km — la Malfouacière — la Saufaie — la Maison Neuve — la Malonnière — la Ménardie — 74 — Basclot
le Bois-Joulain — la M^ne Neuve — la Gaudinière — Montergon — la Chénaie — la Gare — la Landaie
les Gr^ds Courrelais — Préfoure — le Tertre — la Satterie — Montarché — les Quatre Chemins — la Gare — 52 — 73 — la Hiriaie — le Landreau — la Bouc
le Pt Préfouré — l'Aubinaie — la Julinière — la Guimeraie — la Reine Baudais — la Gaudinière Gaudin — 60 — la Narc
la Goharaie — la Bruyère — la Commaillère — les Bossinais — la Veillonnaie — 72 — la Rivaudière — la Buissonnière — les M^ns Blanches
le Fougeray — la Rivière-Bénard — la Boserie — la Noctière — les Forges — l'Espérance — les Maisons Vertes
les Colonnières — la Mercerie — le Bois — la Charmille — D 770 — 71 — la Bonne Fillaie — la Marc
l'Orberie — les Dauderies — la Prévôté — 0,7 C — Angrie — la Pinaudaie
la Grée des Cerisiers — la Roche — la Croix Poulet Ch^le — la Rochette
la Boue Corbière — St. pomp. — 63 — Chât. — la Casnière — 70 — 64
le Bois-Robert — Ragutin — les Écouperies — le Gr^d M^ln — Gr^d Moulin — la Chaussée aux Anglais — PR — Montlambert — la Bloftaie — 69 — Anc. F.
St-Jean — le M^ln Neuf — Min. — 59 — la Butte aux Anglais — le Fresnay-des-Erdres — les Erdres — la Menantaie
Villegontier — la Bellangeraie — l'Ansiguère — Druillay — la Rabinière — la Poutière — 647
Guibis — la Biettière — B. de l'Aubriard — la Babinière — la Roche de Candé — la Bionaie — 86 — Bne — 68 — la Ruaudière
les Hautes Allières — l'Aubriard — Moiron — la Blandellerie — 65 — la Caillotière — Aneau
la Giraudaie — la Vectaie — la Rinière — la Briantaie — la Gr^de Prévôté — la Coudraie — Ra^ — Geder
la Plairie — la Caillerie — B. de la Pasquerie — la Picaudaie — Bellevue — la Fontoirie — 66 — la Mauvaisinière — la Naudais
la Morfraie — la Pasquerie — 67 — l'Ansaudaie

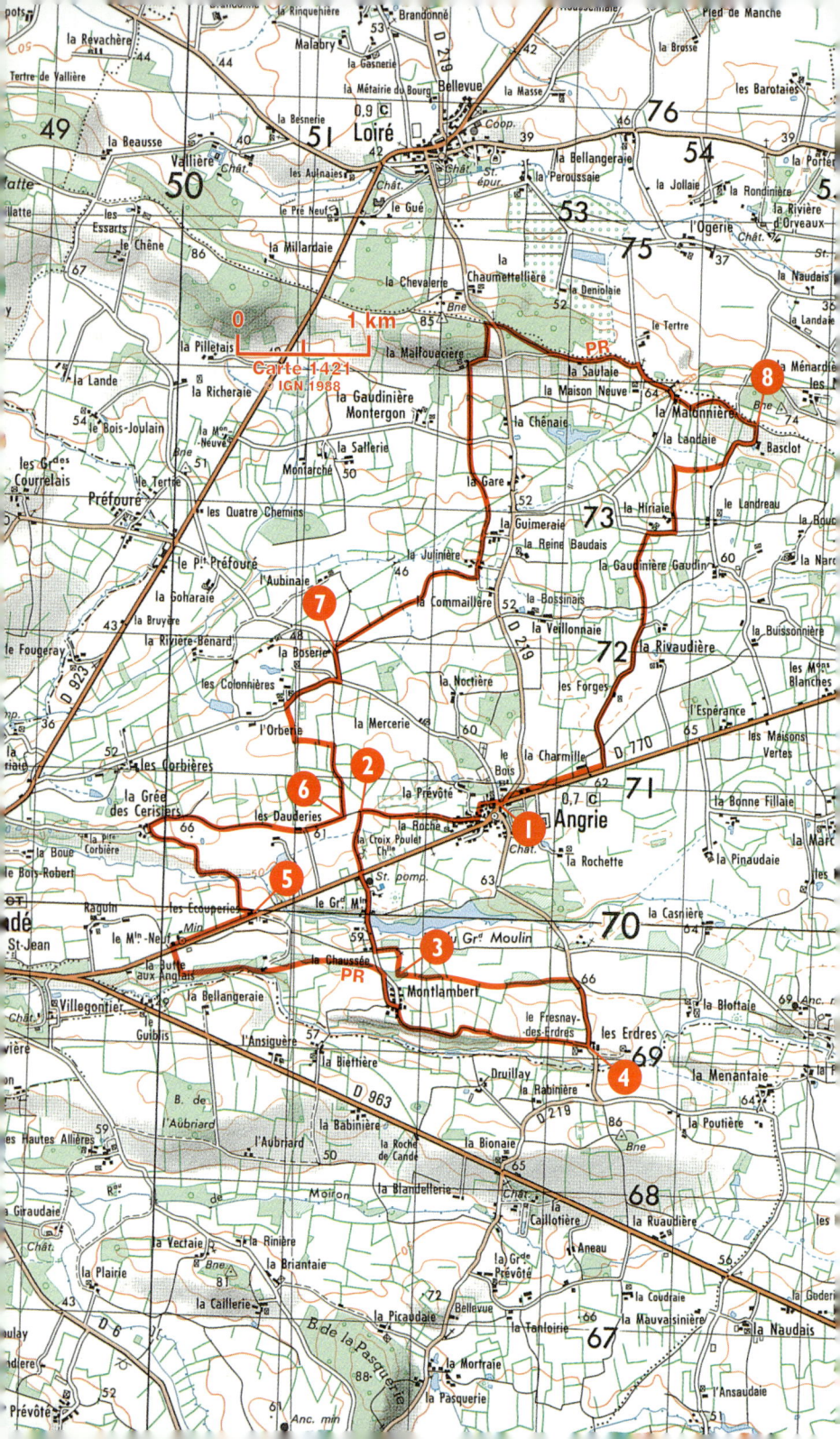

Carte 1421
IGN 1988
D 219 — D 923 — D 963 — D 0

PR — Loiré — Angrie — Montlambert

1 2 3 4 5 6 7 8

Les grées et les terres d'Angrie

Partez toute la journée pour une randonnée qui vous mènera au gré des moulins à eau et à vent, le long des bords de l'Erdre et des anciennes mines d'ardoise.

5 h 30
22 km

74 m
45 m — 91 m

Situation Angrie, à 38 km à l'ouest d'Angers par les D 963 et D 770

P **Parking** salle Saint-Pierre, place du 11-Novembre

Balisage jaune

❶ Du parking, traverser le lotissement, tourner à gauche, puis emprunter à droite le chemin de Roche-Brun et aboutir à une intersection.

❷ Monter à gauche à la chapelle de la Croix-Poulet, traverser la D 770 à Bellevue et continuer par le chemin bitumé en face. Laisser l'étang du Grand-Moulin à gauche. A La Chaussée, tourner à gauche et, à la croix, virer à droite vers Montlambert.

❸ Emprunter à gauche le large chemin dans la lande d'ajoncs et de genêts, puis la D 219 à droite sur 500 m *(prudence)*.

❹ S'engager sur le chemin pierreux à droite, contourner Montlambert par la route de gauche, puis prendre le chemin à gauche (ouest) et passer Bel-Air. Au bout du sentier, tourner à droite, puis longer la D 770 à droite jusqu'au carrefour des Ecouperies.

❺ Emprunter à gauche le large chemin, franchir le ruisseau Fief-Briant et continuer à gauche par le petit chemin creux. Poursuivre le long des anciennes carrières d'ardoise. A La Grée-des-Cerisiers, partir à droite, à travers la lande rocheuse et passer les fermes des Dauderies.

❻ Suivre le chemin de terre à gauche. Virer à gauche puis suivre à droite le chemin de terre conduisant aux Colonnières. Prendre la route à droite et, après la voie d'accès de La Boserie, la route à gauche.

❼ S'engager sur le large chemin à droite. Il conduit à La Julinière. Prendre la route à gauche et continuer tout droit (nord) jusqu'à La Malfouacière. Poursuivre par la route à droite puis en lisière du bois à gauche. Tourner à droite, couper la D 219 et traverser le bois. Passer La Saulaie, emprunter la route à droite, franchir le pont *(ancienne voie ferrée de Nantes à Segré)* et bifurquer à gauche vers Basclot.

❽ Tourner à droite et descendre par la route sur 500 m. Prendre le chemin à droite, le chemin à gauche, puis la petite route à droite. Après La Louettière, s'engager sur le sentier à gauche. Continuer tout droit par la route puis, avant la D 770, utiliser à droite la sente parallèle à la route et rejoindre Angrie.

À voir

En chemin

■ chapelle de la Croix-Poulet 1845 ■ ancien moulin à eau XVe près de l'étang de Grand-Moulin ■ moulin Neuf (moulin-tour restauré et remis au vent en 1980, abritant une collection de vieux outils de meunerie et de boulangerie) ■ ancien puits d'ardoise près du ruisseau du Fief-Briand ■ Angrie : château à quatre tours (construit en 1846 par l'architecte Hodé)

Dans la région

■ Angrie : monument érigé en 1995 (à la mémoire des aviateurs anglais et canadiens abattus en 1943 dans le champ situé en face) ■ Challain-la-Potherie : moulin du Rat (moulin-tour), château de 1854 construit par l'architecte Hodé ■ Chazé-sur-Argos : château de Ragin XVe-XVIe (chambres dorées XVIIe, animaux en liberté dans le parc)

Angrie

Angrie, petite commune du bocage angevin, se situe aux confins de l'Anjou et de la Bretagne sur un plateau schisteux. De nombreux sentiers cheminent parmi les genêts et les ajoncs. La rivière l'Erdre, prenant sa source à La Pouëze, doit son nom à la traversée du village Les Erdres.

Le sous-sol de cette région est riche. On y trouve de l'ardoise, extraite au début du XXe siècle notamment près de La Grée-des-Cerisiers, ainsi que de l'or et de l'antimoine. La chaux a été exploitée jusqu'en 1891 dans quelques fours près de La Veurière, classés à l'inventaire des Monuments historiques. Elle a servi localement d'amendement aux terres agricoles argileuses du nord et aux pâturages du sud. La culture du blé contribua à nourrir une population dense, essentiellement de milieu rural. Plusieurs moulins témoignent de l'activité meunière : deux moulins étaient exploités par un même meunier, l'un à eau du XVe siècle, restauré avec sa roue (situé près de l'étang) et l'autre à vent (situé à Bellevue) dont il ne reste qu'une ruine. Le moulin Neuf, appelé aussi de la Marmite, inscrit à l'inventaire supplémentaire des Monuments historiques, fut bâti il y a trois siècles. Remis en état en 1980, sa toiture a été récemment restaurée en bardeau de chêne. Il est toujours en activité.

Du blé à la farine, il y avait les battages… En 1974, la famille Robert émet l'idée de créer une fête des moissons, selon les coutumes de l'époque. Angrie est alors sortie de son anonymat. Cette fête populaire attire des foules considérables venues de toute la région. De nombreux bénévoles ont restauré de vieilles machines à vapeur et font revivre « comme autrefois », non sans nostalgie pour les anciens, les scènes de la moisson, du battage et des vieux métiers. Devant ces gestes et ces habits, les plus jeunes mesurent les réalités de la vie à la campagne. Traditionnellement cette fête a lieu le deuxième dimanche d'août.

Fête des moissons à Angrie.
Photo M.B.

Angrie, le moulin Neuf. *Photo G.B.*

Vendée

CDT Vendée : 8 place Napoléon • BP 233
85006 La Roche sur Yon Cedex
Tél : 02 51 47 88 20 • Fax : 02 51 05 37 01
Courriel : info@vendee-tourisme.com

COMITÉ DÉPARTEMENTAL DU TOURISME DE LA **VEND**

La Vendée, une mosaïque de paysages

Embarcadère de l'Ile d'Yeu. *Photo J.R.*

C'est le sud ! On le sent dans les tuiles roses des toits, dans la douceur qui enveloppe les collines armoricaines, la plaine aquitaine et la façade atlantique de ce département qui conjugue des humeurs celte et occitane. Cette belle diversité offre au promeneur une large palette de paysages et d'émotions.

La bien-nommée « Côte de Lumière » et ses 140 km de plages invite aux joies balnéaires. Les ports ont l'humeur du grand large et les îles sont des promesses de bonheur : Noirmoutier, parcourue de marais salants et d'une étonnante chaussée submersible ; l'île d'Yeu, bijou de nature et d'histoire. Au Nord, lisière mouvante du Marais breton, la baie de Bourgneuf fait le bonheur des pêcheurs à pied.

Les pins règnent sur les forêts littorales alors que dans les terres les châtaigniers partagent avec les moulins à vent les hauteurs granitiques du bocage. La Sèvre nantaise y trace des vallons jalonnés de villages pittoresques et de moulins à eau. Les haies tressées d'aubépine ombrent les chemins creux de cette campagne parsemée de bois et d'étangs, où donjons, églises fortifiées et abbayes témoignent d'une histoire souvent sombre. L'ombre des guerres de Vendée s'évanouit dans la forêt de Mervent enchantée par la fée Mélusine, et dans l'entrelac magique des arbres et des canaux de la Venise Verte.

Partout, des espaces naturels aménagés abritent une faune et une flore d'une rare diversité, et des écomusées aux scénographies inventives ravivent la mémoire de l'histoire et des traditions. La Vendée exprime aussi son excellence dans une multitude de Labels Rouges et d'A.O.C. : l'huître Vendée Atlantique, la pomme de terre de Noirmoutier, la mogette et le jambon grillé promettent un parcours de saveur exalté par les vins des fiefs vendéens.

Carte IGN — repères 1 à 5, Forêt Domaniale de l'Herbergement

0   500 m
Cartes 1325 E
1326 E
© IGN 1994, 2002

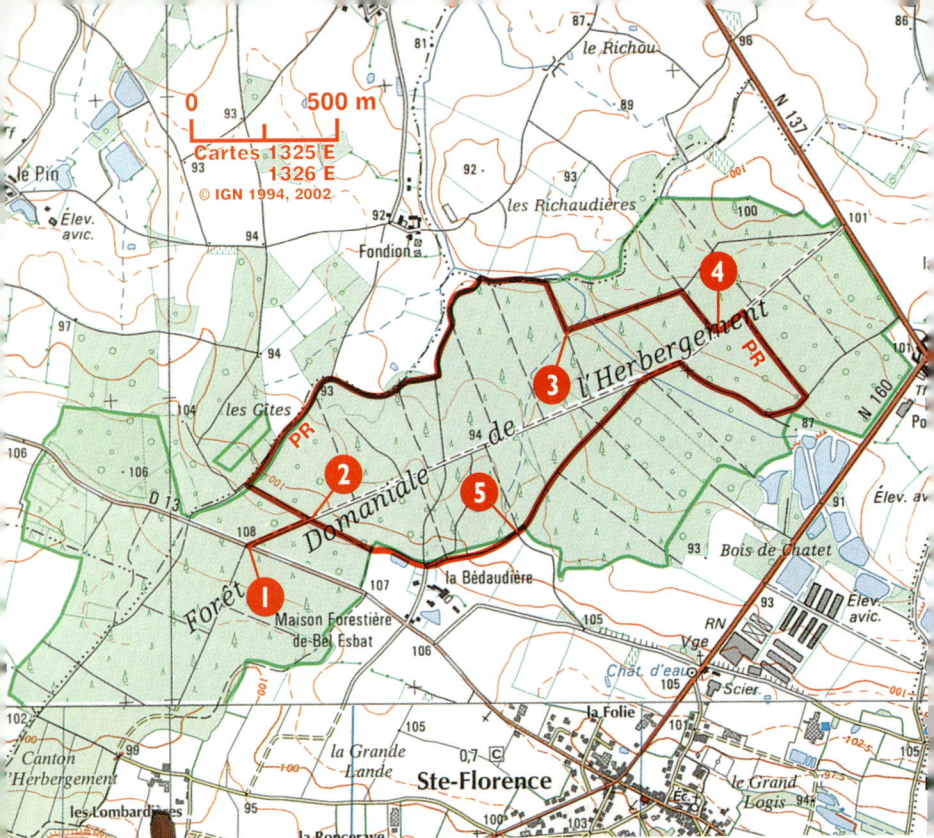

L'univers de Gaston

Gaston Chaissac aurait souri de voir classées Monument historique les latrines - par ses soins « illustrées » - de l'école publique de Sainte-Florence, où il logea de 1948 à 1961, sa femme y étant institutrice. Plasticien-poète des matériaux de rencontre, il fait surgir des souches et des cartons des personnages tressaillant d'enfance. Loin des galeries internationales qui l'honorent aujourd'hui, l'ancienne école du petit village - exemplairement restaurée - rappelle la connivence qu'il avait avec les gamins : des ateliers leur sont consacrés. Une scénographie évoque son univers, de « la salle des vélos » à celle des « bouses » qu'il auréolait de peinture. On y découvre aussi l'épistolier prolixe, un rien provocateur : sous ses mots, le cyclomoteur qu'on emmène chez le garagiste devient un événement !

Y a d'la joie ou Anatole, vers 1960, Gaston Chaissac © Adagp, Paris 2005 – Collection Musée de l'Abbaye Sainte-Croix – les Sables d'Olonne. *Photo Jacques Boulissière.*

Forêt de l'Herbergement

Feuille de chêne.
Dessin N.L.

Sous la frondaison lumineuse des charmes et des chênes, les sentiers bouclés de bruyère de cette forêt domaniale tressent jusqu'au ruisseau du Fondion un décor Belle-au-Bois-Dormant.

1h45
5 km

108 m
87 m

Situation forêt de l'Herbergement, à 27 km au nord-est de La-Roche-sur-Yon par les N 160 et D 13 (direction de Chauché)

Parking bord de la D 13

Balisage

1 à **2** non balisé
2 à **2** jaune (O.N.F. n°1 à 32)

❶ Du parking, emprunter l'allée centrale empierrée.

❷ Au croisement (balise n° 1), se diriger à gauche sur 200 m, puis virer à droite et passer une zone déboisée et grillagée *(zone humide)*. Poursuivre au nord-est *(point de vue sur Fondion, ancien monastère)*.

❸ Franchir le ruisseau de Fondion sur la passerelle de bois (balise n° 14), puis tourner à droite *(bien suivre le balisage)*.

❹ Prendre à gauche le chemin empierré central (balise n° 17), partir à droite, tourner à droite, passer le pont de pierre qui enjambe le ruisseau de Fondion et continuer à droite. Emprunter l'allée centrale à gauche sur 100 m, puis repartir à gauche (balise n° 21).

❺ Ne pas franchir la passerelle à gauche (PR du canton des Essarts), poursuivre (balise n° 25), laisser La Bédaudière à gauche et continuer en face jusqu'à l'allée centrale (balise n° 32).

❷ Prendre à gauche l'allée centrale pour retrouver le parking.

Cerf.
Dessin P.R.

À voir

En chemin

■ forêt domaniale (faune et flore)

Dans la région

■ Sainte-Florence : four à pain, œuvres du peintre Gaston Chaissac (derrière la mairie), espace muséographique, logis de la Boulaie, hameau de L'Hébergement-Hydreau, château du Beignon ■ Les Essarts : château XIᵉ, église (crypte romane) ■ Saint Martin-des-Noyers : château de la Grève

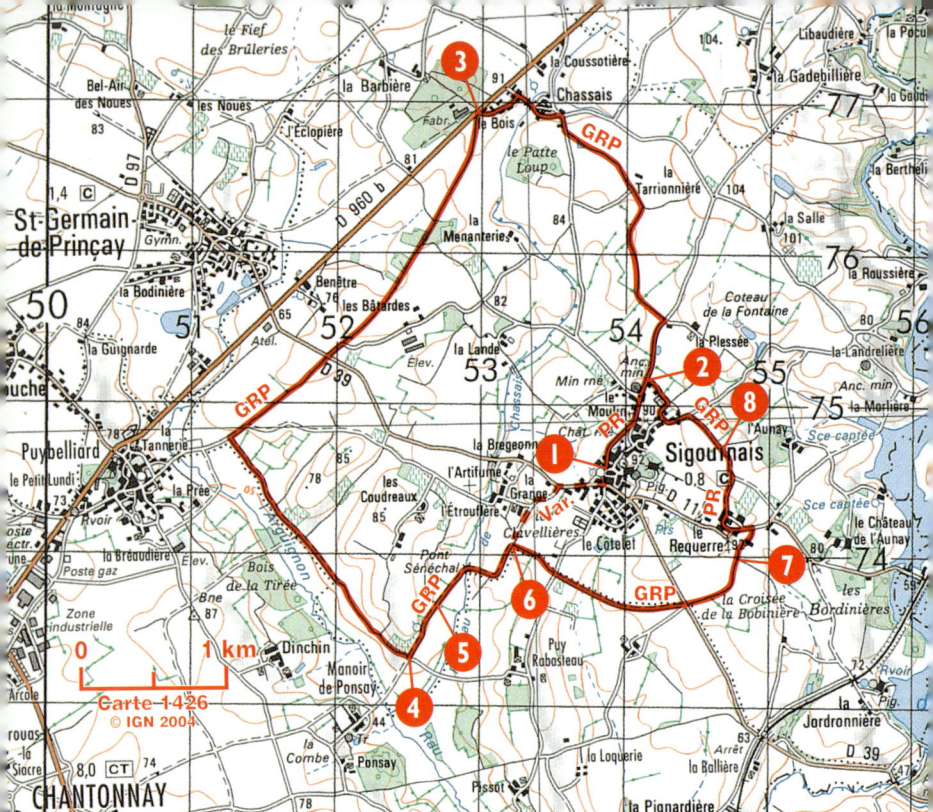

Carte 1426
© IGN 2004

Les cabanes de vigne

D e la « Folle Blanche », cépage
bourguignon implanté à
Sigournais au Moyen Age, il ne reste
que quelques rangs de vignes et un
petit blanc frais au goût de pierre-à-
fusil qui réjouit les fêtes locales.
Mais l'intense activité viticole qui fit
la renommée du pays a marqué le
paysage : les murets blonds parcel-
lant les coteaux rouges témoignent
des monceaux de pierres arrachés à
l'argile pour cultiver cette vigne. Ces
cailloux de calcaire hettangien (200
millions d'années) constituent aussi
les « cabanes de vigne », petits
réduits de pierres sèches à la manière
des bories de Provence. Parmi ces
havres de fraîcheur pour les vignerons, la « maisonnette Allard » fait
figure de palace : un deux-pièces,
rudimentaire certes, mais avec un
cadran solaire et une alcôve inté-
rieure, pour poser le verre !

Vignes. *Photo J.R.*

La Folle Blanche de Sigournais

Du donjon médiéval de Sigournais au manoir Renaissance de Ponsay, ce parcours bucolique foisonne de surprises : porches d'un octroi tuilé de rose et lavoirs rafraîchissant les potagers…

Situation Sigournais, à 40 km à l'est de La Roche-sur-Yon par les D 948, D 949, D 960B et D 39

P **Parking** place Robert-de-Lespinay

Balisage

❶ à ❷	bleu-jaune	
❷ à ❼	jaune-rouge (dessin cabanes de vignes)	
❼ à ❽	bleu-jaune	
❽ à ❷	jaune-rouge	

❶ Laisser l'église à gauche, continuer par la rue du Donjon et passer le vieux château. Après la place, longer à gauche un mur ancien. Au croisement, tourner à droite et, après la Vierge, poursuivre par la rue du Moulin *(ruines de moulin à vent)*.

❷ Laisser la voie du retour à droite et continuer tout droit. Au carrefour, emprunter le chemin à gauche. Couper la route et poursuivre tout droit jusqu'à Chassais. Traverser le village à gauche *(ruines du prieuré et maisons anciennes)*, enjamber le ruisseau de Chassais et prendre la rue du Bois à gauche.

❸ Avant la D 960bis, s'engager à gauche sur le chemin empierré qui longe le Fief des Triolles *(panorama)*. Traverser la D 39, continuer sur 500 m *(panorama)*, puis suivre le sentier à gauche sur 1,5 km.

❹ Monter à droite au manoir de Ponsay, puis revenir.

❹ Poursuivre vers la fontaine de Ritay.

▶ A gauche, le chemin bordé d'anciens murs de pierres monte aux cabanes de vignes *(accès interdit aux VTT et aux cavaliers)*.

❺ Continuer, franchir le pont Sénéchal et atteindre un croisement.

▶ Variante *(circuit de 12 km)* : poursuivre tout droit jusqu'à Sigournais *(balisage bleu)*.

❻ Se diriger à droite, couper deux routes et continuer en face par le chemin empierré.

❼ Au croisement, continuer tout droit, traverser Requerre à gauche et poursuivre par le chemin de terre.

❽ Continuer tout droit. Prendre la route à gauche, la route à droite, gagner Le Moulin et rejoindre le croisement de l'aller.

❷ Tourner à gauche et retrouver la place Robert-de-Lespinay.

À voir

En chemin

■ Sigournois : château-fort (donjon XVe) ■ Chassais : ancien prieuré Grand Montain ■ manoir de Ponsay XVIIe ■ cabanes de vignes ■ fontaine de Ritay ■ Requerre : maisons et lavoir XVIe-XVIIIe

Dans la région

■ Puybelliard : tour-prison et église ■ Chantonnay : lac de Moulin-Neuf ■ Saint-Germain-de-Princay : église romane XIVe, lac de Rochereau

La forêt, une histoire d'hommes

L e massif forestier de Mervent-Vouvant déploie sur 5000 hectares un paysage vallonné où le chêne est roi. Avec un souci paysager (cette forêt, pour moitié domaniale, accueille le public) et écologique (c'est un milieu riche en espèces menacées), les forestiers s'attachent à la production pérenne d'un bois de qualité. Attentifs à l'équilibre des âges, ils gèrent la forêt par parcelles pour qu'elle soit toujours régénérée. Ainsi les grands chênes ensemencés il y a deux cents ans sont récoltés : leur semis de glands deviendra fourré, puis « gaulis » et « perchis ». Eclaircie tous les dix à douze ans, la futaie pourra atteindre 35 mètres de hauteur. Certains arbres sont remarquables de longévité, comme « le Marinier », un chêne de cinq mètres de circonférence : il aurait trois cents ans !

Forêt de Mervent, le lac. *Photo J.R.*

La retenue d'eau de Mervent

13

Carpe miroir.
Dessin P.R

Depuis le lac et son adorable îlot jusqu'aux sous-bois où la Mère cascade sous le pont du Déluge, le circuit multiplie les perspectives sur la plus belle forêt vendéenne.

3 h 30
12 km

95 m
36 m — 200 m

Situation Mervent, à 12 km au nord-est de Fontenay-le-Comte par les D 938ter et D 99

Parking place du Hérault (office du tourisme)

Balisage

❶ à ❺ jaune
❺ à ❻ blanc-rouge
❻ à ❶ jaune

Difficulté particulière

■ descentes et montées raides, passages rocheux

Ne pas oublier

❶ De la place du Héraut, prendre la rue de la Vallée, puis la route à gauche. Passer le pont de la Vallée, tourner à gauche et longer les rives de la Mère.

❷ Monter à droite, couper la route et continuer jusqu'à La Citardière.

▶ A droite, château de La Citardière.

❸ Prendre la route à gauche sur 500 m, puis l'allée forestière à gauche.

❹ A l'intersection, suivre le chemin à gauche. Il passe près du chêne le Marinier *(plus vieil arbre du massif)*. Franchir le pont du Déluge et utiliser l'escalier situé à gauche du parapet.

❺ Longer le ruisseau des Verreries puis la Mère. Remonter par l'allée caillouteuse de Pierre-Blanche sur le plateau, puis redescendre à gauche et suivre la rivière jusqu'au pont de Diet. Prendre la route à gauche sur 200 m.

❻ Partir à gauche et continuer tout droit par le chemin forestier. 100 m avant l'allée du Chêne-Tord, prendre le sentier à gauche. Longer le plan d'eau à droite, passer le rocher du Foulet et poursuivre jusqu'à Mervent. Traverser la route, emprunter le chemin en face et rejoindre le parking.

À voir

En chemin

■ château de la Citardière XVIIe ■ chêne le Marinier ■ pont du Déluge fin XIXe ■ vues sur le rocher de Pierre-Blanche (site d'escalade) ■ panoramas sur la retenue d'eau

Dans la région

■ Mervent : barrage, maison de la forêt, parc d'attraction ■ Foussais-Payré : patrie de François Viete ■ Vouvant : cité médiévale ■ Fontenay-le-Comte : capitale du Bas-Poitou, château de Terre Neuve

Chêne sessile.
Dessin N.L.

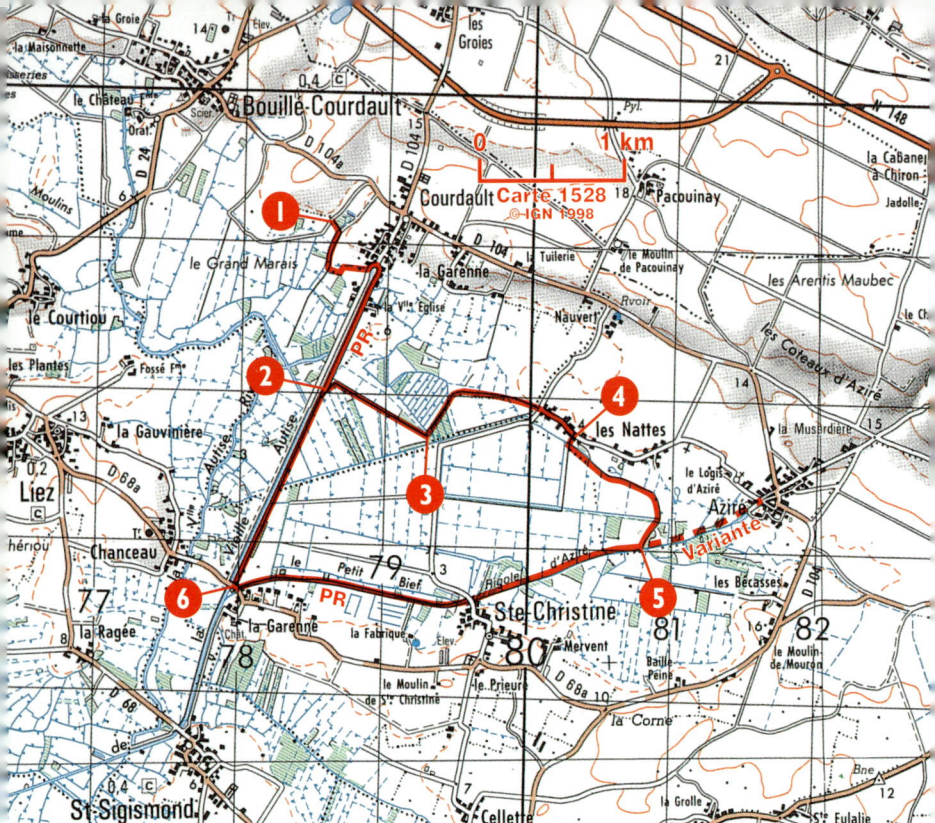

Le Marais Mouillé

Dans le Marais poitevin, la plus grande zone humide de la façade atlantique, les plaines céréalières des Marais Desséchés contrastent avec le verdoiement arboré des Marais Mouillés. Cette Venise Verte est un entrelacs inouï de canaux, de fossés, de conches et de rigoles, conçus sous l'Empire pour exploiter la terre et créer un réseau de voies navigables. Des « terrées » de frênes têtards, de vergnes et de saules bordent les chemins d'eau, délimi-tant une multitude de petites parcelles accessibles en barques, dont le « bateau à chaîne », qu'on tire d'un bord à l'autre tout en restant amarré. Elles transbordaient les vaches sur les prairies ou transportaient du bois vers les ports des bourgs maraîchins comme celui de Courdault, lieu d'échanges entre la plaine et le marais.

Bateau à chaîne.
Photo J.R.

Marais de Courdault

3 h
12 km

7 m
3 m — 4 m

S'écartant du canal majestueux de la Vieille Autise, le sentier s'enfonce dans l'intimité du marais. Un silence quasi magique enveloppe les petits canaux et les barques endormies dans leur alcôve d'arbres.

1 De La Fontaine, suivre le sentier en direction du port de Courdault. Il vire à droite, deux fois à gauche puis à droite. Longer à droite la rive gauche du canal de la Vieille-Autise par le chemin de halage de la Vieille-Ecluse sur 900 m.

2 Pénétrer à gauche dans le marais mouillé.

3 Franchir le petit canal à l'aide du bateau à chaîne et poursuivre par le chemin qui vire à droite. Couper la route et gagner le hameau ruiné et typique des Nattes.

4 Tourner à droite, franchir le petit pont et virer à gauche. Longer le petit canal jusqu'à la rigole d'Aziré *(ne pas oublier de refermer les barrières).*

▶ Le chemin à gauche mène à Aziré *(lavoir et port),* à 800 m.

5 Longer la rigole d'Aziré à droite, couper la route *(vue à gauche sur le clocher de Sainte-Christine),* puis continuer à suivre la rigole et, au bout, emprunter la D 68a à droite sur quelques mètres.

6 Descendre pour emprunter le chemin de halage à droite le long du canal de la Vieille-Autise et retrouver l'intersection de l'aller.

2 Revenir au point de départ.

Iris jaune. *Dessin N.L.*

Situation Courdault, à 13 km au sud-est de Fontenay-le-Comte par les N 148 et D 104

Parking La Fontaine, à 800 m à l'ouest du bourg

Balisage jaune

Difficulté particulière

■ zone inondable par temps humide

Ne pas oublier

À voir

En chemin

■ port de Courdault
■ découverte du marais mouillé ■ bateau à chaîne
■ lavoir d'Aziré

Dans la région

■ Nieul-sur-l'Autise : abbaye royale Saint-Vincent
■ Fontaines : lavoir ■ Saint-Martin-de-Fraigneau : château de Puy-Sec
■ Maillezais : abbaye Saint-Pierre et l'église Saint-Nicolas XIIe

La rivière aux moulins

Le passé industriel de la vallée de l'Yon s'exprime avec force au Tablier où la rivière, cascadant sur un prodigieux chaos granitique, est retenue par une multitude de chaussées attenantes à des vestiges de moulins à grain. Leur nombre témoigne de l'activité intense générée par la force du courant à cet endroit, une énergie hydraulique utilisée jusqu'en 1864, quand la filature-teinturerie du Piquet s'arrêta. Construite deux ans plus tôt sur un ancien moulin à foulon pour y fabriquer des « draps à costumes », elle était munie d'une puissante roue à aube de 5 mètres de diamètre, aujourd'hui disparue. Mais la structure relativement bien conservée du bâtiment, avec ses deux ailes et ses murs bâtis à la chaux, reste un témoignage émouvant de l'animation qui devait régner ici il y a deux cent ans.

Chaos rocheux de l'Yon. *Photo J.R.*

Chaos rocheux de l'Yon

1 h 20
4 km

52 m
19 m 55 m

Situation vallée du Yon (commune du Tablier), à 27 km au sud de La Roche-sur-Yon par les D 746, D 101 et D 50

Parking Piquet

Balisage

① à ④ jaune
④ à ⑤ blanc-rouge
⑤ à ③ jaune

Sur les berges et les îles luxuriantes de la vallée de l'Yon, les ruines des moulins sont en osmose avec les énormes blocs que la rivière pétulante contourne en « Marmites de Gargantua »…

① Prendre le chemin qui descend vers la rivière, puis tourner à droite pour rejoindre l'ancienne filature.

② La traverser, longer la rivière et franchir la passerelle en bois sur le ruisseau de la Gerbaudière.

③ Passer derrière les ruines, puis tourner à gauche pour revenir vers la rivière.

Buse variable.
Dessin P.R.

④ Emprunter le chemin à droite, passer les ruines d'habitation, laisser à gauche la chaussée de Ripaud et monter perpendiculairement à la rivière pour gagner la croisée de trois chemins.

⑤ Prendre à droite le chemin empierré qui monte à La Poissonnière. Au dernier poulailler, traverser le carrefour et continuer en face par la route qui mène à La Grassonnière. Poursuivre par la route dans le hameau.

⑥ A la sortie, s'engager sur le chemin empierré à droite en direction de la vallée de l'Yon. Descendre par le chemin à gauche, tourner à droite et retrouver le croisement de l'aller.

③ Reprendre le sentier en sens inverse et passer la filature.

② Par l'itinéraire de l'aller, rejoindre le parking.

Aulne.
Dessin N.L.

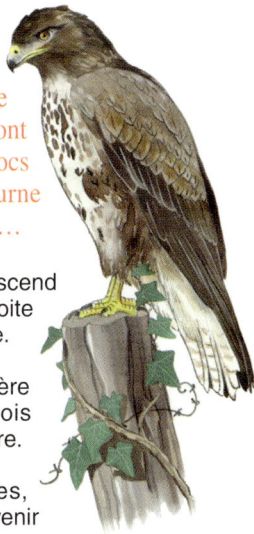

À voir

En chemin

■ ancienne filature (déversoir, ruines) ■ rochers creusés par l'érosion de l'eau (groupes de 5 à 6 marmites) ■ vestiges de moulins à grains et chaussées ■ ruines du hameau de La Grassonnière

Dans la région

■ Le Tablier : château de la Gerbaudière ■ Mareuil-sur-Lay : église romane XIᵉ-XIIᵉ ■ La Baffardière : rocher de la Pierre aux Fées

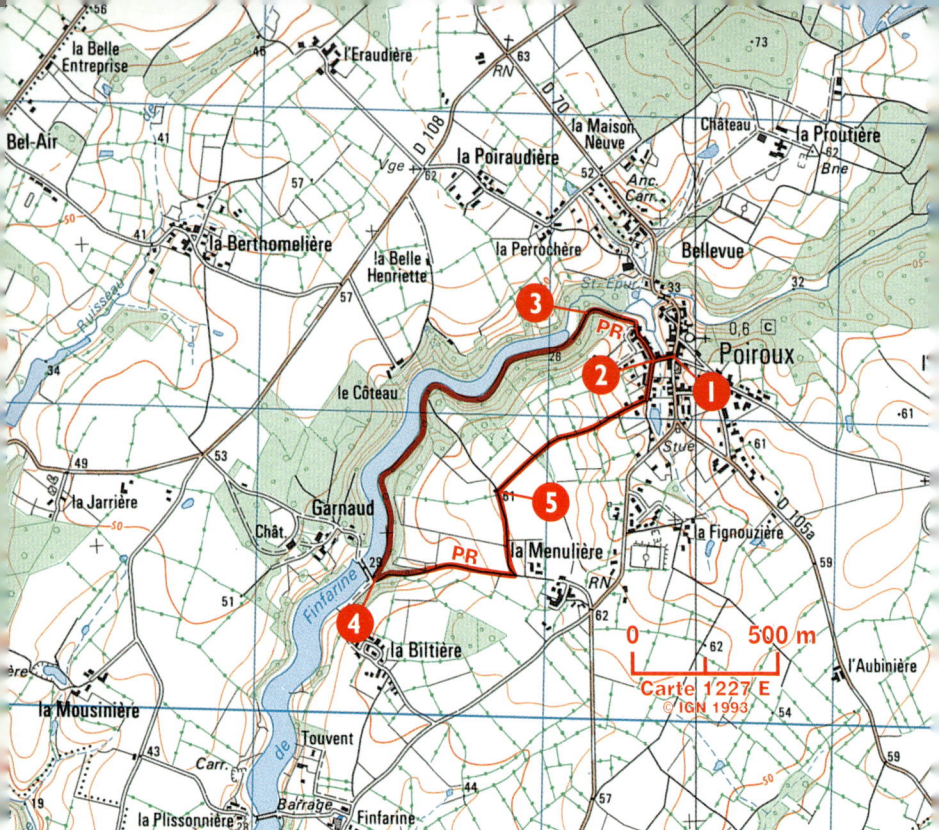

La Folie Finfarine

E Au cœur d'un vaste parc arboré, la Folie Finfarine illustre avec bonheur la démarche de reboisement menée par la commune de Poiroux, l'une des plus boisées de Vendée. La maison de l'Arbre invite à découvrir les essences indigènes à travers une scénographie ludique qui sollicite les cinq sens. « Boîtes à toucher » et « fentes à voir », écorce à palper, essences à humer - divine odeur de pin comme un bonbon d'enfance… - l'arbre livre son histoire au rythme d'un parcours où l'approche pédagogique - un arbre, comment ça vit ? - fait la part

Au bord du lac Finfarine. *Photo J.R.*

belle à notre imaginaire de la forêt - parole de farfadet et de poulpican ! Jouez des soufflets de l'orgue Finfarine, une invention qui résume l'esprit des lieux : un arbre, ça ne sert pas qu'à faire des meubles !

Lac de Finfarine

Dans le bocage de l'ancienne seigneurie de Poiroux, le lac de Finfarine déploie les méandres gracieux de sa rivière d'origine. Sentiers des rives et chemins creux invitent à la douceur.

1 h
3 km

60 m
20 m · 40 m

1 De la place de la Mairie, aller à gauche sur 50 m, puis tourner à droite.

2 Se diriger à droite vers le lac, puis tourner à gauche.

3 Longer la rive du lac et arriver à une intersection, avant le pont.

▶ Variante non balisée *(circuit de 2 km)* : on peut poursuivre sur la même rive, franchir le barrage, revenir par l'autre rive et traverser le pont pour rejoindre le circuit principal.

4 Ne pas franchir le pont et monter par le chemin creux en direction de La Ménulière. Avant le hameau, s'engager sur le chemin d'exploitation à gauche.

5 Descendre, puis monter par le chemin creux qui ramène à Poiroux.

Lychnis, fleur de coucou. Dessin N.L.

Foulque macroule. *Dessin P.R.*

Situation Poiroux, à 26 km au sud-ouest de La Roche-sur-Yon par les D 747, D 36, D 4 et D 105

P **Parking** place de la Mairie

Balisage
flèche verte

Ne pas oublier

À voir

En chemin
■ Poiroux : folie de Finfarine
■ maison de l'arbre
■ miellerie

Dans la région
■ Moutiers-les-Mauxfaits : halles 1765, église XIIe
■ Avrillé : menhirs (dont le plus haut de Vendée, situé à l'hôtel de ville), centre archéologique de Saint-Hilaire-la-Forêt (C.A.I.R.N.)
■ Les Sables-d'Olonne : ports de pêche et de plaisance, abbaye Sainte-Croix, La Chaume (quartier pittoresque, berceau de la cité), prieuré Saint-Nicolas et ruelles

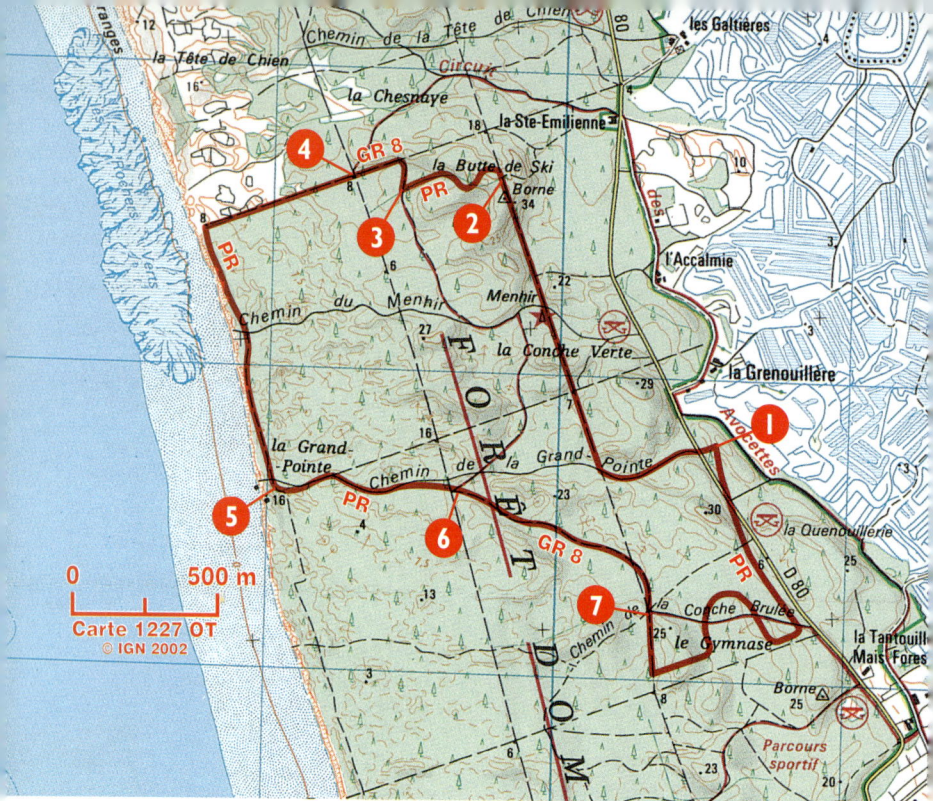

Entre mer et marais, la forêt d'Olonne

V aste cordon dunaire ensemencé au XIXᵉ siècle, la forêt d'Olonne est parcourue d'allées pare-feu, toboggans de sable que les anciens descendaient sur des douelles de tonneau depuis la « butte de Ski ». En contrebas, l'étendue des salines et des « marais à poissons » apparaît dans la claire-voie des pins maritimes, pionniers d'une famille forestière aujourd'hui diversifiée. Le pin laricio ou l'érable sycomore investissent les creux humides, tandis que le robinier et le chêne pubescent préfèrent la lumière des crêtes. Omniprésent, le chêne vert brossé par le vent ourle la lisière littorale. Le tapis des pourpiers et des euphorbes, enjolivé de roses pimprenelles, fixe la dune à l'orée des plages parsemées de galets étonnants : les pholades (bivalves troglodytes) y ont creusé des myriades de trous.

Forêt d'Olonne. *Photo J.R.*

La butte de Ski

A l'orée des marais d'Olonne, un parcours joyeux dans les montagnes russes d'une forêt enchantée par la clameur continue de la mer. Elle surgit soudain : fulgurance de la bien nommée Côte de Lumière !

Euphorbe du littoral. *Dessin N.L.*

❶ S'enfoncer dans la forêt en direction de la mer. Au croisement, emprunter la très large allée à droite *(allée qui doit empêcher le feu de se propager d'une parcelle à l'autre)*. Passer une intersection *(un peu caché à gauche, menhir ; la légende prétend que votre vœu se réalisera si vous en faites trois fois le tour, en silence...)* et arriver à la butte de Ski *(point culminant à 34 m d'altitude, point de vue sur toute la région plate du marais)*.

❷ Suivre le sentier à gauche.

❸ Prendre le chemin à droite puis, au croisement, tourner à gauche.

❹ A l'intersection, poursuivre tout droit. Le sentier devient de plus en plus étroit, jusqu'à n'être plus qu'un passage sous les chênes-verts. Sortir sur la dune et longer la plage à gauche.

❺ Au blockhaus, monter les escaliers et entrer en sous-bois.

❻ A l'intersection, continuer et, au pin laricio *(d'origine corse)* signalé par une balise en bois, poursuivre.

❼ Au croisement, emprunter le sentier pédagogique en surplomb. Il zigzague, longe la route et ramène au parking.

---

2 h 30
7 km

34 m
6 m 220 m

Situation Olonne-sur-Mer, à 10 km au nord des Sables-d'Olonne par la D 80

Parking La Grande-Pointe (bord de la D 80, côté mer)

Balisage

❶ à ❸ barre oblique noire
❸ à ❹ blanc-rouge
❹ à ❻ noir
❻ à ❼ blanc-rouge
❼ à ❶ flèche verte (sentier pédagogique)

Difficulté particulière

■ marche pénible dans le sable et dénivelés ■ prévoir de bonnes chaussures et un couvre-chef l'été

Ne pas oublier

À voir

En chemin

■ menhir ■ blockhaus (vestige du mur de l'Atlantique) ■ sentier pédagogique ■ nombreuses espèces arboricoles

Dans la région

■ L'Île-d'Olonne : réserve ornithologique et marais salants ■ Les Sables-d'Olonne : ports de pêche et de plaisance, abbaye Sainte-Croix, La Chaume, prieuré Saint-Nicolas

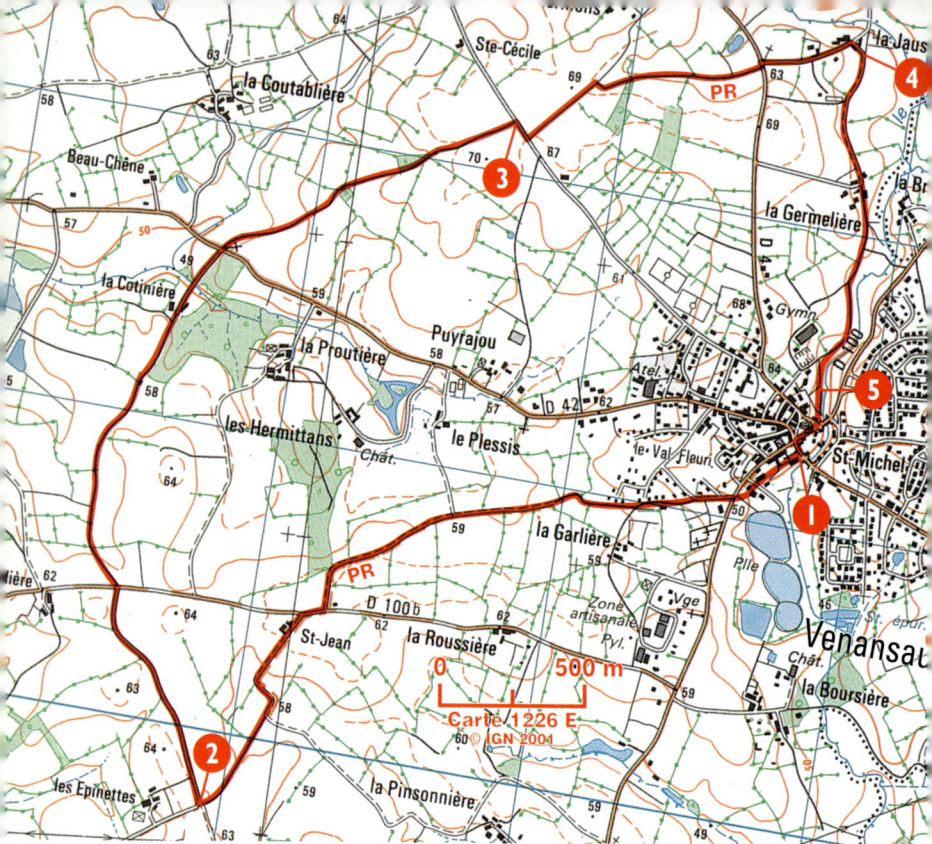

Le bocage se raconte

Qu'il est bucolique, ce bocage traversé de haies parfumées. On y grappille des mûres et de modestes fleurs, réjouissantes de couleurs et de fragilité, sans toujours mettre un nom sur ces trouvailles buissonnières. A Venansault, dans une prairie gardée sauvage, des plantations de molènes, d'euphorbes ou d'eupatoires répertorient ces fleurs indigènes. Les arbustes ont un glossaire à part : ceux à fleurs jaunes - bon-heur olfactif des genêts et des ajoncs -, à fruits décoratifs comme la viorne, à fruits prisés de la faune comme le cornouiller mâle, ou comestibles pour l'homme, tels le prunellier ou l'amélanchier. Papillons et grillons investissent ces terres, tandis que libellules et grenouilles peuplent la mare, domaine de la menthe, de la salicaire et de l'orchidée.

Chemin. *Photo J.R.*

Champ-Planté de Venansault

Situation Venansault, à 10 km à l'ouest de La-Roche-sur-Yon par les N 160 et D 42

Parking base de loisirs (entrée par la D 42 en direction de La Roche-sur-Yon ou la D 4 en direction des Clouzeaux)

Balisage

1 à **2** jaune-rouge
2 à **5** vert
5 à **1** jaune-rouge

Les chemins agricoles jalonnés de hameaux et les haies tressées d'aubépine distillent leur humeur champêtre jusqu'à la coulée verte du Guyon et son lac surplombé d'un théâtre de verdure.

Angelicas gigas.
Dessin N.L.

❶ Du parking de la D 42, passer sous la porte de l'An-2000, longer la rivière du Guyon, franchir la passerelle en bois, traverser le deuxième parking et sortir sur la D 4. La parcourir à gauche. Au rond-point, prendre la rue à droite. A l'extrémité du lotissement, continuer par le chemin entre les maisons et poursuivre tout droit. A Saint-Jean, emprunter la D 100b à droite sur 100 m, puis bifurquer à gauche. Laisser un chemin à gauche et déboucher à un croisement.

❷ Prendre la route à droite. Au point déchetterie, continuer par le sentier herbeux qui part en contrebas de la D 100b, puis couper la D 42 et poursuivre par le chemin creux.

❸ Emprunter la route à droite sur 100 m, puis partir à gauche. Traverser le Champ Planté, couper la D 4 et poursuivre jusqu'à La Jausinière.

❹ S'engager sur le chemin qui part à droite, entre les deux dernières maisons du hameau. Traverser La Germelière, longer le Guyon et pénétrer dans la zone verte. Emprunter la passerelle et monter vers la route.

❺ Au pont, se diriger à droite vers le centre du bourg et, au rond-point, prendre la direction des Clouzeaux pour revenir au point de départ.

À voir

En chemin

■ Venansault : église XIIIᵉ, base de loisirs ■ zone à gestion différenciée ■ chemins creux ■ coulée verte du Guyon

Dans la région

■ Fontenelles : abbaye XIᵉ ■ Moulin-Papon : lac et barrage ■ La Roche-sur-Yon : architecture napoléonienne ■ Mouilleron-le-Captif : coulée verte au centre du bourg

ÎLE D'YEU

le Grand Champ
Basse du Canin
Chiron
le Petit Champ
Mo... u
Basse Flore
Plage de la Pulante
les Petits Fradets
St-ép...
Pointe du But
la Planche à Puare
les Broches
les Rosei..
Port Joinville
le Caillou Blanc
Ker PR
Pierre Borny
Plage de Ker Chal...
la Pierre
Ker Gigou
Cadouère
Ker Borny
la Citadelle
Anc. moulin
des Amparelles
Aérodrome
Ker Chalon
le Gd-Phare
Ker Bossy
les Trupailles
Moto-cross
Anc. mins
Pointe
du Château Maugarni
Ker Chauvineau
Ker Pissot
Anc. moulin
Ker Viroux
Plage des Sables Rouis
Ker Poiraud
la Redoute
Romaine
Plage
des Sabias
Ker Arnaud
la Meule
Grotte
de Belle Maison
Cale des Marins
le Vieux Ch...
Pointe du Châtelet
le Bélier
Bne
Port de la Meule
Menhir du Pissot
Cap des Degrés
Gouffre d'enfer
Pierre Tremblante
Pointe de la Père

0   1 km
Carte 1026
© IGN 1984

L'île aux oiseaux

E ntre la côte sauvage, les landes et le marais bocagé, les oiseaux trouvent à l'île d'Yeu une multitude de petits paysages à leur convenance. On en compte 264 espèces, dont 70 nidifient. Le puffin des Baléares et la sterne inca participent au ballet des oiseaux marins. Les élégants chevaliers et les petits passereaux se plaisent dans les coulées de roseaux des « vallons suspendus » et des anses de la côte sauvage, domaine partagé par le traquet cul blanc, le pingouin torda et le guillemot de Troïl. L'île d'Yeu réserve au promeneur d'autres surprises : 814 espèces de plantes sauvages (le sixième de la flore de France) sont concentrées sur seulement 23 km². Avec 150 plantes rares et 45 espèces protégées, dont la mat-thiola oyensis, une giroflée blanche spécifique à l'île. Yeu est le paradis du naturaliste.

Guillemot de Troïl.
Dessin P.R.

La côte sauvage de l'île d'Yeu

Avec ses rocs battus d'embruns et ses landes frisées de bruyère, on la dirait bretonne. Mais une douceur méridionale réjouit cette île où nature et histoire délivrent des foisons d'émotions.

1 Du débarcadère à Port-Joinville, emprunter plein ouest le quai Carnot. Passer le monument de la Norvège, continuer en bordure de mer, puis couper deux routes et gagner Ker Pierre Borny.

2 Tourner à droite et poursuivre à droite par le chemin bordé de murets de pierres sèches (*table gravée de 21 cupules de Ker Difouaine*). Il conduit au dolmen des Petits-Fradets.

3 Traverser la route, gagner les pelouses rases qui bordent l'océan, poursuivre à gauche (*dolmen de la Planche à Puarre et caillou Blanc qui sert d'amer aux navigateurs*) et arriver à la pointe du But (*corne de brume désaffecté, tourelle lumineuse balisant les écueils meurtriers des Chiens Perrins ; ruines du séma-phore détruit en 1944*).

4 Poursuivre par le sentier côtier. Il longe les pistes de l'aérodrome et conduit à la pointe du Châtelet, derrière son rempart de terre (*ouvrage défensif édifié à l'âge du fer appelé improprement redoute Romaine, calvaire des Marins*).

5 Longer l'arc parfait de la plage des Sabias et arriver au Vieux château (*détruit et maintes fois reconstruit entre le XIVe et XVIe siècles, il demeure le témoignage de l'importance stratégique de l'île*). Continuer le long de la côte. Le chemin mène au port de la Meule (*miniature de fjord scandinave réfugié sous un ciel méditerranéen, avec en prime le blanc immaculé de la chapelle Notre-Dame-de-Bonne-Nouvelle qui le protège*).

6 Tourner à gauche vers l'intérieur de l'île, puis emprun-ter la route à gauche et traverser La Meule à droite. Garder la direction nord-ouest et continuer par le chemin (*pierre à cupules du Chien à l'Affût, bergeries qui rappellent que l'île comptait plus de 3000 moutons au XIXe siècle*).

7 Virer à droite, traverser Ker Chauvineau, puis bifur-quer à droite et arriver à Ker Borny. Prendre la route à droite. Au carrefour (calvaire), tourner à gauche et gagner le bois de la Citadelle et le fort de Pierre Levée (*destiné d'abord à la défense de l'île, il fut reconverti en prison d'État qui abrita notamment Philippe Pétain*). Par les rues et ruelles de Port-Joinville, rejoindre l'embarcadère.

5 h 30
20 km

29 m
0 m 48 m

Situation île d'Yeu, à 17 km de la côte vendéenne

Parking liaison maritime toute l'année au départ de Fromentine et saisonnières au départ des Sables-d'Olonne ou de Saint-Gilles-Croix-de-Vie

Balisage rectangle parme

Difficulté particulière
■ prévoir de bonnes chaussures et un couvre-chef en été

Ne pas oublier

À voir

En chemin
■ monument de la Norvège
■ table à cupules ■ dolmen à chambres latérales des Petits Fradets (5000 ans av. J.-C.)
■ dolmen de la Planche à Puarre ■ caillou Blanc (long filon de quartz blanc) ■ pointes du But et du Châtelet ■ Vieux château ■ port de la Meule
■ pierre à cupules du Chien à l'Affût ■ anciennes bergeries
■ bois de la Citadelle et fort de Pierre-Levée ■ stèle rappelant le sacrifice de six marins islais partis secourir le navire Ymer torpillé en 1917

Huîtres en compagnie

La baie de Bourgneuf étant à deux pas, commençons par une douzaine d'huîtres Vendée Atlantique ! Ce fin goût d'iode… Une crémeuse mouclade de bouchots pour faire honneur aux moules et, puisque l'île d'Yeu est si proche, le thon germon au four s'impose, quoiqu'une poêlée d'anguilles du marais voisin… Et comment résister à la succulence des pommes de terre de Noirmoutier et à la fleur de sel de ses marais ? De toutes façons, on accompagnera le jambon grillé ou le canard de Challans d'une bonne tartine grillée, frottée à l'ail et recouverte de mogettes bien chaudes. On gardera pour le goûter la brioche parfumée à la fleur d'oranger, autre fierté vendéenne. Ces agapes méritent bien un verre de Brem, de Mareuil ou de Vix. Blanc, rosé ou rouge, les vins des fiefs vendéens ont de l'esprit !

Fruits de Mer. *Photo J.R.*

Pays de Monts

3 h 30
11 km

41 m
3 m   250 m

Situation La Barre-de-Monts, à 12 km au nord de Saint-Jean-de-Monts par la D 38

Parking La Corsive (face au camping)

Balisage rond jaune

Difficulté particulière
■ marche dans le sable et dénivelés ■ respecter les milieux sensibles

Ne pas oublier

Epousant les vallons ou suivant la crête des dunes, le sentier sillonne la forêt de Monts, immensité boisée entre le marais Breton et la mer. Au loin pointent les îles…

❶ Prendre le sentier cyclable de La Rive. Il gravit le pic de la Blet *(41 m d'altitude, panorama sur la baie de Bourgneuf, l'île d'Yeu et le marais Breton).*

❷ Descendre par le sentier à droite (terrasse, banc et panneau sur les dunes). Poursuivre sur la crête de dunes anciennes, passer La Parée Creuse et La Caillebotière, près de la route de la Rive. Traverser le chemin des Lays, emprunter la piste cyclable et, au panneau Notre-Dame-de-Monts 3,5 km, se diriger à droite et arriver au pylône électrique.

❸ Traverser le large chemin, passer de mamelon en mamelon et continuer par le sentier de découverte. Laisser un sentier à droite, passer la station d'épuration de La Parée-Grollier, puis un panneau d'informations et poursuivre jusqu'à la piste cyclable.

▶ Possibilité de gagner la maison de la Dune et de la Forêt, à 600 m, en continuant tout droit *(balisage blanc-rouge).*

❹ Tourner à droite, longer le terrain de camping de la Parée-Chalon, croiser deux fois le sentier de découverte, puis obliquer vers la mer et traverser le large chemin des Lays.

❺ Après l'aire de pique-nique, serpenter entre les arbres par le chemin vallonné, longer une retenue d'eau et reprendre l'allée coupe-feu. Suivre la clôture grillagée et passer la barrière forestière.

❻ Face à l'entrée de la colonie de vacances, pénétrer à droite dans la forêt par le large chemin et rejoindre le parking du départ.

Giroflée des dunes.
Dessin N.L.

À voir

En chemin
■ pic de la Blet ■ belvédère ■ observation de la flore et de la faune ■ musée de la Maison forestière

Dans la région
■ Daviaud : écomusée ■ Sallertaine : moulin de Rairé ■ marais Breton : paysages et pêche ■ passage du Gois (unique au monde) entre Beauvoir-sur-Mer et l'île de Noirmoutier ■ Bouin : parc d'éoliennes

La Loire-Atlantique

Active

côté jardin

Gourmande

curieuse

Côté plage

Comité Départemental du Tourisme de **Loire-Atlantique**

2 Allée Baco - BP 20502 - 44005 Nantes cedex 1

www.loire-atlantique-tourisme.com

La Loire-Atlantique

Clisson. *Photo J.-M.L.*

« *Et si nous visitions une planète, interrogea le Petit Prince ? La planète Terre, répondit le géographe. Elle a bonne réputation.* »
Antoine de Saint-Exupéry aurait pu exprimer une autre réponse : « La Loire-Atlantique, elle a bonne réputation. »

Sans doute la meilleure manière de découvrir notre département est de le faire à pied. A son rythme le visiteur se laissera guider sur les chemins des douaniers de la presqu'île guérandaise au Pays de Retz, le long des 133 km de rivage, et aussi en s'engageant au cœur du Parc régional de Brière : la deuxième zone humide de France.

L'eau est partout, au bord du chemin de halage du canal de Nantes à Brest au lac de Vioreau.

Mais surtout l'empreinte de l'homme est présente partout et les paysages ont été façonnés par son travail.

Des marais salants de Guérande aux sentiers du vignoble nantais, l'histoire apparaît au détour des chemins, Clisson la médiévale et aussi l'italienne, Châteaubriant et Françoise de Foix, Nantes et sa duchesse Anne...
Partout une aventure, mesurée certes, mais remplie de surprises... sans parler de la découverte de plaisirs simples ou nobles.

Notre département offre une palette diversifiée de circuits balisés, quelquefois accompagnés d'une interprétation thématique.

Sans hésitation, j'invite les visiteurs à choisir les chemins de la Loire-Atlantique. Ils ont « bonne réputation ».

Xavier AMOSSE
Président du Comité Départemental du Tourisme de Loire-Atlantique

71

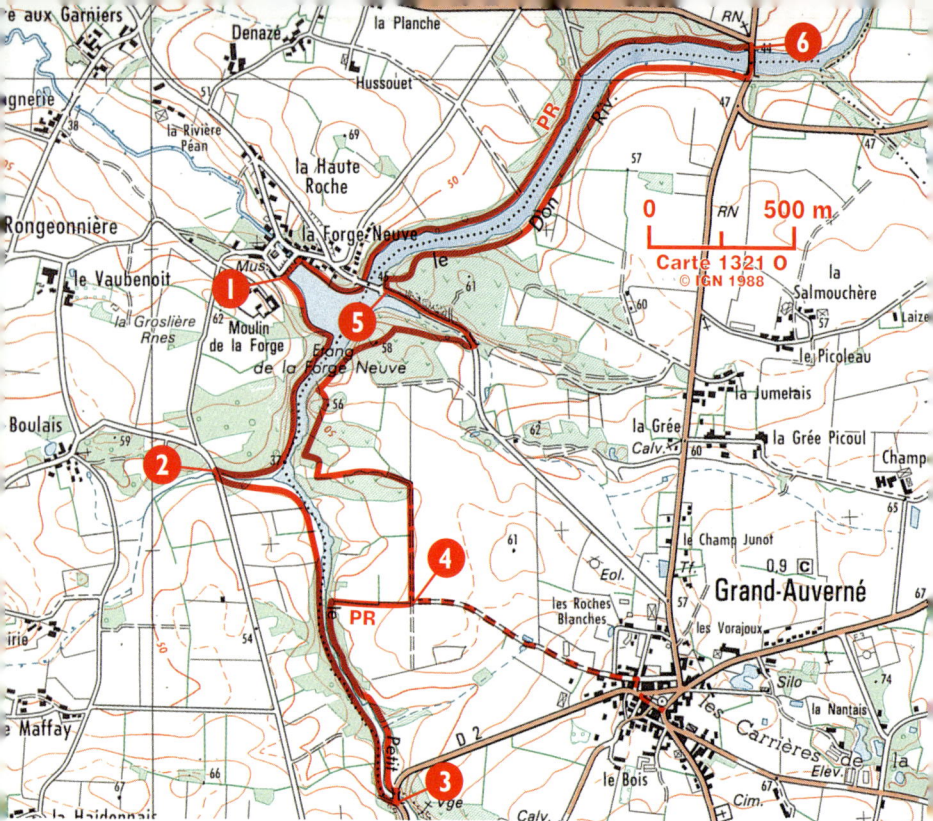

La Forge-Neuve, importants vestiges

Forge de Moisdon, écomusée. *Photo J.-M.L.*

La Forge-Neuve est, dans la région, l'une des mieux conservées. Implantée en 1668, elle utilisait la force hydraulique. Très active pendant la Révolution, elle fournit, entre autres, le fer et la fonte destinés à la fabrication des canons de l'arsenal d'Indret, près de Nantes. Les vestiges attestent de l'importance de cette forge : les maisons de Maîtres (XVIIIe) et celles des ouvriers, la grande halle à charbon... Autour de l'étang, des sols schisteux dont l'acidité "nourrit" l'une des dernières landes du département. Là, au pied des pins qui ont parfois remplacé ajoncs et fougères, s'épanouissent encore une dizaine d'espèces végétales rares, telles l'hélianthème en ombelle ou l'agrostis sétacée ...

La lande du Don

3 h 30
10 km

56 m
37 m 242 m

Situation Moisdon-la-Rivière, à 50 km au nord de Nantes par la D 178

Découvrez un sentier escarpé et plein de charme sur les rives du Don, au milieu d'une des dernières landes du département, à la flore caractéristique. Sur l'ensemble du circuit, les ouvrages des anciennes forges sont omniprésents.

Parking La Forge-Neuve, à 2 km au sud-est du bourg par la D 29

Balisage jaune

❶ Du parking, face à l'étang, partir à droite. Monter par le chemin herbeux qui longe le manoir du Maître de Forges et poursuivre par le sentier schisteux qui domine le Petit Don.

❷ Ne pas traverser la route, mais s'engager sur le sentier à gauche, franchir le ruisseau de la Coulée de la Boulais et continuer en bordure de rivière.

Difficulté particulière

■ circuit interdit en période de chasse (septembre à février)
■ circuit à ne pas entreprendre par temps humide (risque d'inondation entre ❷ et ❸) ■ passages étroits et escarpés

❸ Avant la D 2 et le virage du Val, se faufiler à gauche entre la glissière de sécurité et la clôture de palis. Continuer à gauche, franchir la passerelle et, plus haut, longer la clôture à droite sur 500 m. Atteindre un croisement.

▶ Le sentier en face permet de rejoindre Le Grand-Auverné, à 1 km (autre départ possible du circuit).

❹ Prendre le chemin de remembrement à gauche sur 400 m, puis tourner à gauche. Le sentier pénètre sur le site de la lande *(bien suivre le balisage à travers schistes et ajoncs)*, puis longe le Petit Don. Emprunter la route à gauche sur 300 m.

❺ Avant le pont, partir à droite et monter sur le plateau *(landonnais : riche flore de lande de schiste ; panorama sur le Don en contrebas)*. Longer la rivière sur la hauteur et déboucher sur la D 14.

À voir

En chemin

■ La Forge-Neuve : site et musée ■ étang de la Forge et rivière du Don ■ landes et pelouses schisticoles

❻ Franchir le pont sur le Don, puis repartir par le sentier qui domine l'autre rive de la rivière. Passer derrière les habitations, puis descendre et longer la rive jusqu'au pont. Laisser le pont à gauche, traverser la route, puis rejoindre La Forge-Neuve et le parking.

Dans la région

■ Moisdon-la-Rivière : église Saint-Jouin

Agrostis sétacée. Dessin N.L.

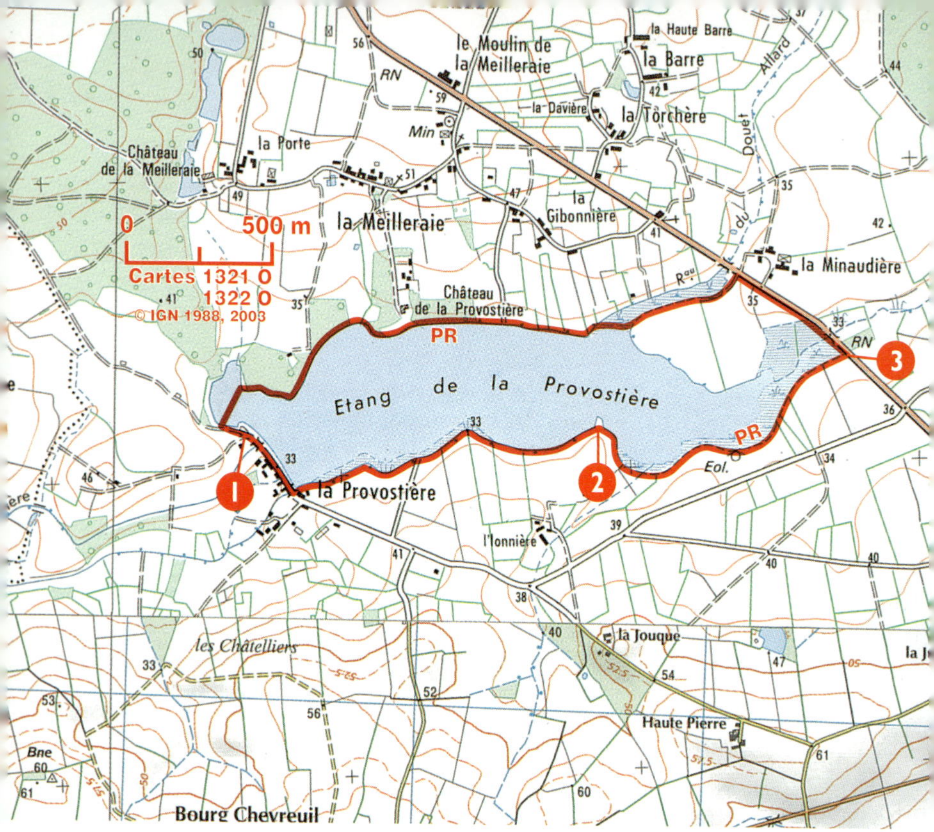

Cartes 1321 O
1322 O
© IGN 1988, 2003

La variation du niveau d'eau favorise la biodiversité

E n hiver le niveau d'eau, maintenu à son maximum, est favorable aux anatidés (canards...). Au printemps, ses rives se découvrent petit à petit et c'est l'explosion des fleurs : certaines d'entre elles sont protégées au niveau national : la gratiole officinale, la pilulaire (fougère), la cicendie naine. Durant l'été, certaines libellules s'accouplent en vol et peuvent descendre ainsi sous l'eau, les femelles peuvent pondre en vol en frappant l'eau avec tout leurs corps. Ce réservoir d'eau ainsi que celui de Vioreau et de la Poitevinière sont reliés entre

Château de la Provostière. *Photo J.-M.L.*

eux par une rigole alimentaire qui approvisionne en eau l'un des biefs de partage des eaux du canal de Nantes à Brest.

Etang de la Provostière

2 h
5 km

35 m
33 m 1/2 m

Il s'inscrit dans la chaîne des étangs qui alimente le canal de Nantes à Brest. Les variations importantes du niveau d'eau, au cours de l'année, favorisent la biodiversité des végétaux et des oiseaux.

Bondrée apivore. *Dessin P.R.*

Situation Riaillé, à 45 km au nord-est de Nantes par les D 178 et D 33

P **Parking** digue de l'étang de La Provostière, à 2,5 km à l'ouest du bourg

Balisage vert-bleu

Difficulté particulière

■ circuit impraticable en période de hautes eaux
■ circuit interdit aux chiens (arrêté municipal)

❶ En face de l'étang, parcourir la digue, à droite *(maison éclusière et ancien village des forges, halle à charbon et manoir du Maître des forges)*. Au bout, tourner à gauche. Le sentier longe l'étang et atteint l'observatoire ornithologique.

❷ Poursuivre le long de l'étang et arriver à l'extrémité.

▶ Eviter le bruit, pour préserver la tranquillité des oiseaux nicheurs.

❸ Tourner à gauche, longer la D 18 sur un sentier parallèle en contrebas, puis repartir à gauche et traverser un ancien bras de l'étang sur un pont flottant. Poursuivre en bordure du plan d'eau et rejoindre le parking de la digue.

Ne pas oublier

Garrot à oeil d'or. *Dessin P.R.*

À voir

En chemin

■ La Provostière : ancien village des forges ■ étang ■ observatoire ornithologique

Dans la région

■ La Poitevinière : maison de Sophie Trébuchet (mère de Victor Hugo)

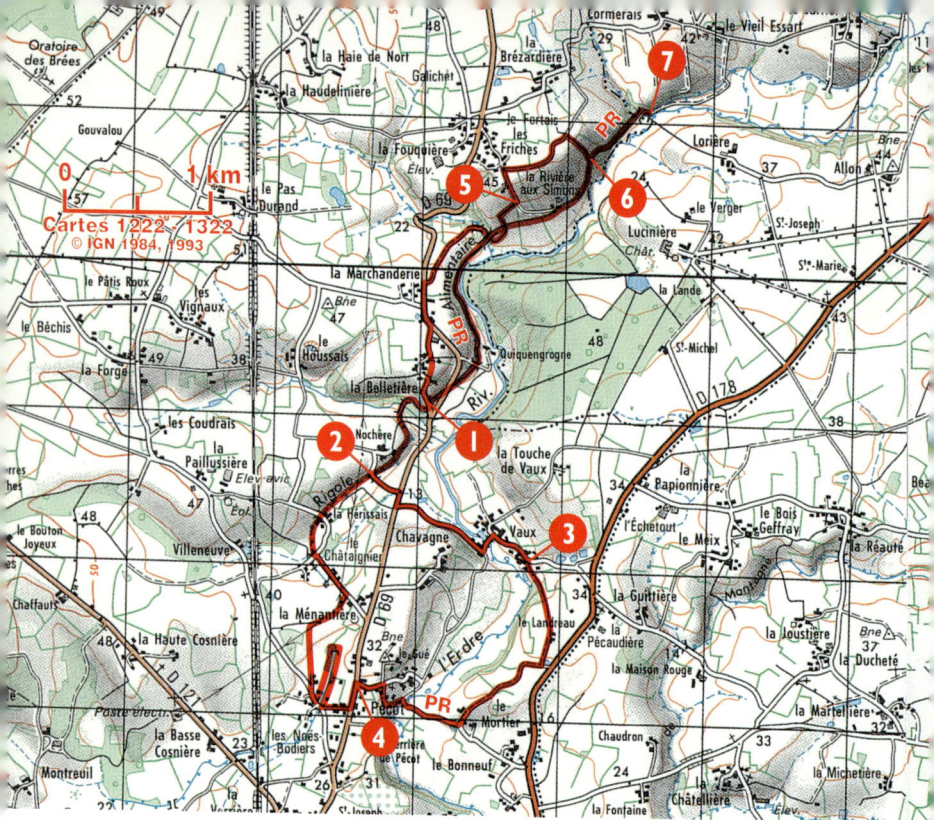

La rigole alimentaire

La rigole alimentaire, dite aussi « petit canal », relie le réservoir de Vioreau au canal de Nantes à Brest, après l'écluse du Pas d'Héric. Elle permet l'alimentation en eau de la première section du canal pour compenser la baisse de niveau due aux éclusages et à l'évaporation. Sa construction (de 1833 à 1836) est un chef-d'œuvre technique : avec une pente de seulement 14 cm / km sur ses 21,3 km de long, la rigole traverse la vallée de l'Erdre grâce à quatre aqueducs de huit à dix arches et chemine en souterrain sur 600 m. Elle est, par ailleurs, enjambée par de nombreux petits ponts de pierre pittoresques et peut être longée par des sentiers ombragés (chênes, châtaigniers, noisetiers…).

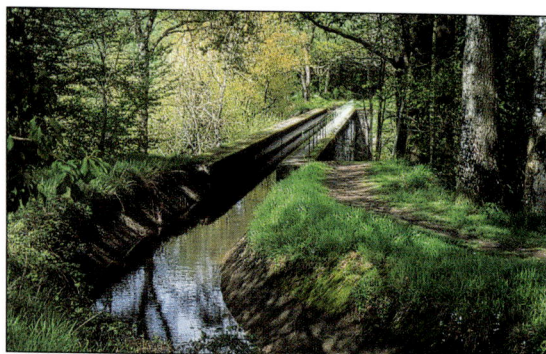

Ouvrage d'art sur le canal.
Photo J.-M.L.

Entre Erdre et rigole

Itinéraire varié permettant de découvrir les ouvrages d'art et le charme de la rigole d'alimentation du canal de Nantes à Brest, ainsi qu'une portion pittoresque de l'Erdre non navigable.

4 h · **15 km**

46 m · 10 m · 175 m

Situation Nort-sur-Erdre, à 35 km au nord de Nantes par la D 178

Parking carrefour des D 69 et route de La Belletière, à 3 km au nord de Nort-sur-Erdre par la D 69

Balisage jaune

Difficulté particulière

■ circuit déconseillé aux jeunes enfants et aux personnes sujettes au vertige

Ne pas oublier

❶ Aborder la rigole par le haut du parking, traverser la route de La Belletière, puis suivre la rive gauche de la rigole et franchir les arcades de la Nochère (rambarde). Emprunter la berge droite de la rigole.

❷ Au pont de la route de La Nochère, descendre par la route à gauche. Prendre la D 69 à droite sur 100 m *(prudence)*, puis la route à gauche. A Vaux, après l'ancienne minoterie *(1840)* aménagée en gîtes *(point de vue sur l'Erdre bordée de saules pleureurs)*, tourner à gauche puis à droite vers La Métairie.

❸ A la sortie du hameau, monter à droite par le chemin creux. Passer Le Landreau, tourner à droite, à gauche, puis à droite et, après Le Mortier, poursuivre à droite et franchir l'Erdre sur la passerelle *(gué et vue sur l'Erdre sauvage)*. Virer à gauche, puis monter à droite pour gagner Pécot.

❹ Longer la D 69 à gauche sur 200 m, la traverser *(prudence)* et passer Les Noës-Bodiers. Avant le pont, longer la rigole à droite jusqu'au souterrain et revenir par la rive opposée. A La Solitude, obliquer à droite, tourner à droite et emprunter la route à gauche *(puits d'aération de la rigole visible au milieu d'un champ, à droite)*. Après Le Châtaignier *(entrée de la rigole en souterrain)*, suivre la berge de la rigole.

❷ Continuer jusqu'au point de départ.

❶ Monter par la route de La Belletière, couper le virage par le chemin, puis continuer le long de la D 69 sur 200 m *(prudence)*. S'engager sur le chemin à droite, passer sous les arcades du Pré Bousier et franchir la rigole.

❺ Prendre la route à gauche, puis la route à droite sur 500 m *(vue sur la forêt et le château de Lucinière)*. Descendre à droite par le chemin de terre.

❻ Franchir la rigole, la remonter à gauche, passer sur les arcades du gué de la Roche et continuer sur 20 m. Descendre par le sentier à droite pour rejoindre l'Erdre *(point de vue)*.

❼ Revenir à la rigole et longer la rive gauche de la rigole jusqu'au point de départ.

À voir

En chemin

■ point de vue sur la forêt et le château de Lucinière (domaine privé) ■ ouvrages d'art le long de la rigole (arcades, cheminement souterrain...) ■ vallée de l'Erdre et gué

Dans la région

■ Nort-sur-Erdre : port Mulon ■ étang de Vioreau : point de départ de la rigole d'alimentation

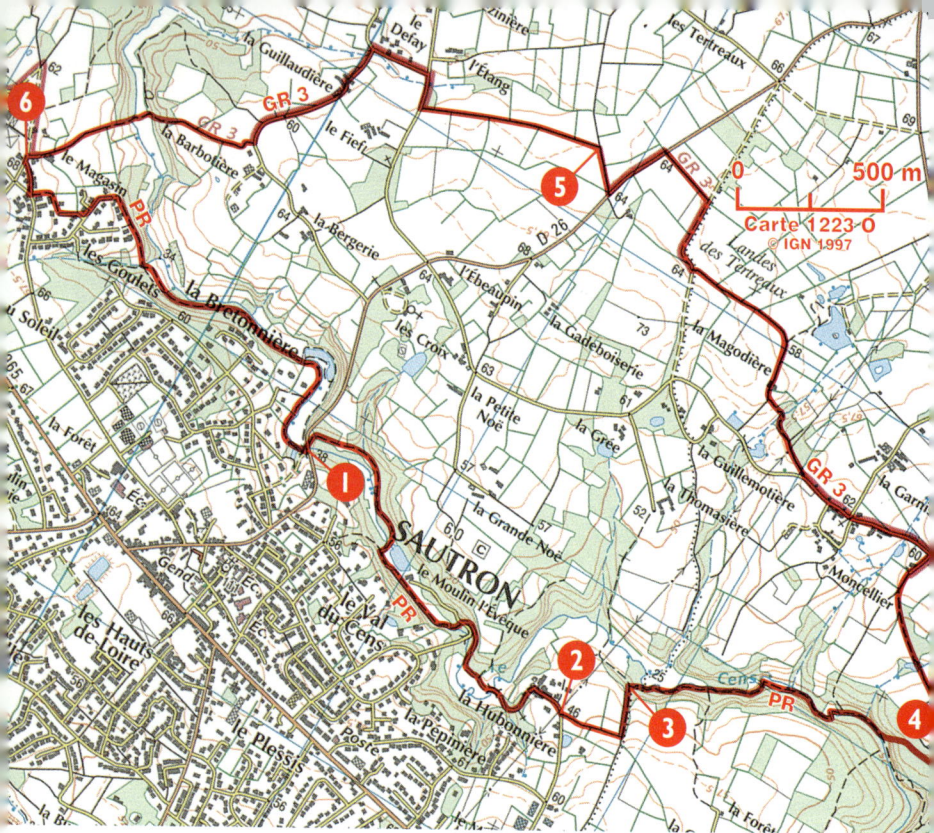

Le sillon de Bretagne

Il est appelé « zone de cisaillement sud-armoricaine » par les géologues. Il s'agit d'une faille de près de 300 km qui s'étend de la pointe du Raz à Mortagne-sur-Sèvre. Elle résulte du coulissage de deux plaques tectoniques l'une contre l'autre plus de 300 millions d'années avant notre ère et ceci pendant 20 à 30 millions d'années. Ensuite l'érosion a fait son travail. La vallée du Cens résulte, entre autres, de ce travail titanesque.

Vallée du Cens. *Photo J.-M.L.*

Rives du Cens

3 h
10,5 km

65 m
24 m — 65 m

Un circuit champêtre tout près de la ville de Nantes pour découvrir la faune et la flore en toutes saisons.

Situation Sautron, à 12 km au nord-ouest de Nantes par la D 965

P **Parking** rue de la Vallée, à gauche avant le pont

Balisage

1 à **2**	bleu foncé
2 à **3**	jaune
3 à **4**	vert
4 à **6**	blanc-rouge
6 à **1**	vert-blanc et rose

1 Traverser la route, franchir le pont et prendre le chemin à droite. Au moulin l'Evêque *(ancien moulin à eau)*, bifurquer à droite et longer le Cens jusqu'à La Hubonnière.

2 Au centre du village, après le parking, monter par le chemin en face sur 250 m, puis se diriger à gauche sur 200 m.

Jonquilles.
Dessin N.L.

3 Franchir la chicane à droite et longer le Cens vers l'est sur 600 m. Emprunter la passerelle, gravir le coteau, puis suivre la route à gauche et arriver à une intersection.

4 S'engager sur le chemin à gauche. Aux Ménardières, prendre la route à gauche sur 700 m, puis le chemin à droite et franchir le vallon. Parcourir le chemin à droite *(ancienne voie romaine)*, puis tourner à gauche. Emprunter la D 26 à gauche sur 250 m et partir à droite.

5 Bifurquer à gauche. Prendre la route à droite *(à gauche, château du Fief)*, la route du Defay à gauche, puis encore la route à gauche sur 500 m. Descendre à droite vers le vallon, franchir le Cens sur la passerelle et remonter en face aux Goulets.

6 Emprunter la rue à gauche. Juste avant le carrefour, prendre le chemin à gauche et traverser le lotissement par l'allée des Acacias et la rue des Noisetiers. A l'orée du bois, tourner à droite. Gravir l'escalier de rondins et continuer par la rive droite du Cens jusqu'au parking.

À voir

En chemin

- vallée du Cens
- La Magodière : sculpteur
- ancienne voie romaine
- château du Fief

Dans la région

- Sautron : chapelle de Bon-Garand ■ château du Loret ■ château de la Tour

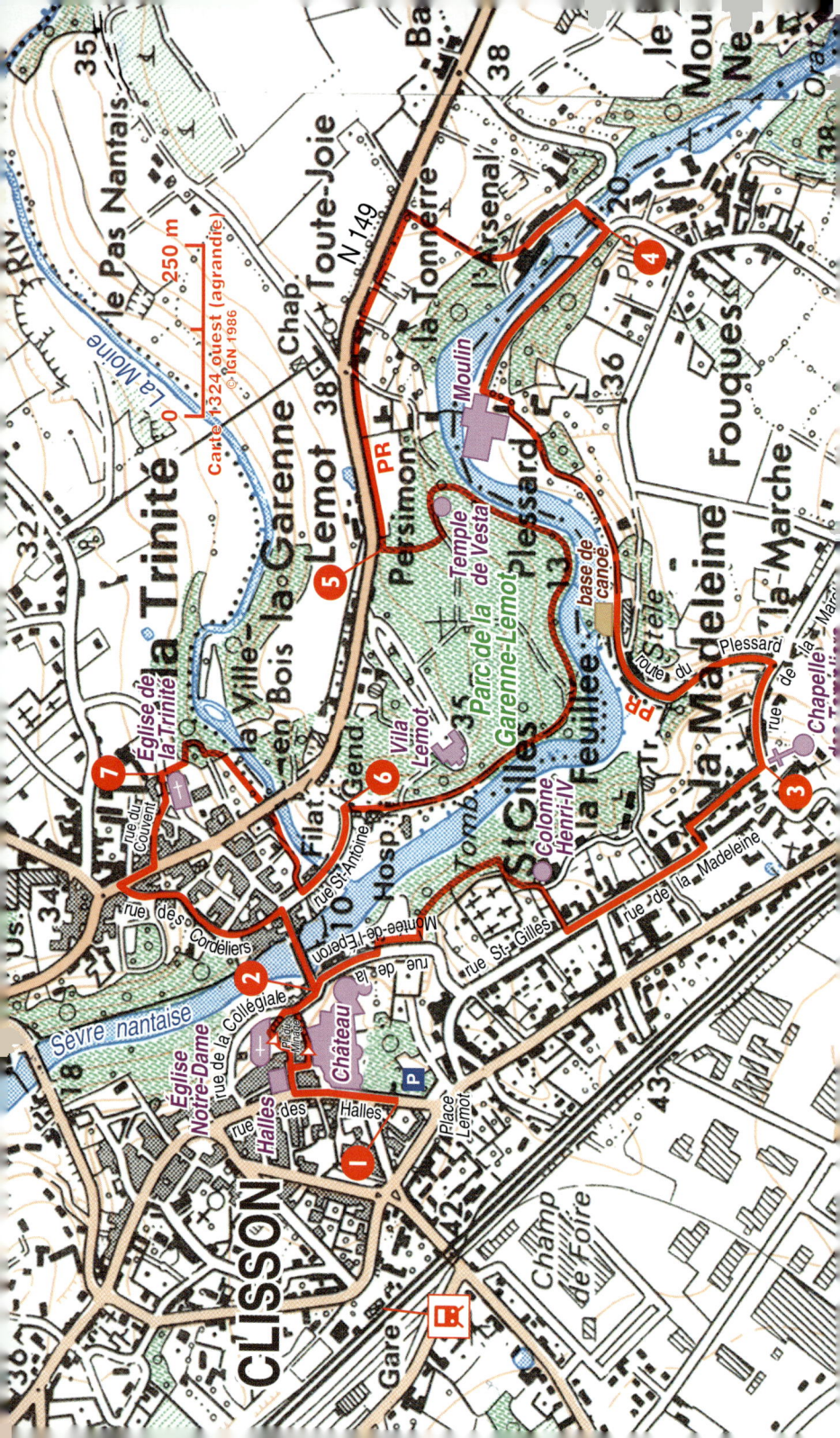

35

le Pas Nantais

RIN

La Moine

250 m

Carte 1324 ouest (agrandie)
© IGN 1986

0

35

Chap.

N 149

Toute-Joie

la Tonnerre

l'Arsenal

Ba

le
Mou
Ne

38

38

Oral

20

38

PR

38

Lemot

la Garenne

la Ville

en Bois

4

Moulin

le Plessard

36

Fouques

la Marche

5

Persimon

Temple
de Vesta

Parc de la
Garenne-Lemot

base de canoë

route du Plessard

rue de la Chapelle

la Madeleine

3

la Trinité

32

Église de
la Trinité

rue du
Couvent

7

Gend

Vila
Lemot

35

St-Gilles

la Feuillée

route du

Tr. Stèle

PR

Chapelle

34

Us.

rue des Cordéliers

rue St-Antoine

Hosp

Tomb

Colonne
Henri-IV

rue de la Madeleine

6

Montée-de-l'Éperon

rue St-Gilles

Sèvre nantaise

2

rue de la Collégiale

Église
Notre-Dame

rue des

Halles

Place
Village

Château

P

Place
Lemot

rue des Halles

I

Champ
de Foire

CLISSON

Gare

43

42

Le cœur de Clisson

2 h
5 km

41 m
9 m — 28 m

Une ville chargée d'histoire qui affiche deux visages différents. Clisson la Médiévale avec son château-fort, ses halles. Clisson l'Italienne, reconstruite sur le modèle toscan par le sculpteur Lemot.

Situation Clisson, à 30 km au sud de Nantes par la N 149

Parking château

❶ Prendre la rue des Halles, puis la rue du Minage à droite et descendre l'escalier le long du château.

❷ Ne pas franchir le pont, mais gravir à droite la montée de l'Eperon. Partir à gauche dans la prairie des Chevaliers, atteindre la colonne Henri IV, puis prendre à gauche la rue Saint-Gilles. Poursuivre par la rue de la Madeleine, puis emprunter la deuxième rue à gauche. Elle vire à droite et débouche dans la rue de la Marche.

Balisage
jaune

▶ En face, chapelle des Templiers *(ancienne commanderie des chevaliers de Malte)*.

Difficulté particulière

■ pas de balisage dans le domaine de la Garenne-Lemot (propriété départementale), ouverte de 9 h à 19 h tous les jours

❸ Descendre par la rue de la Marche à gauche, la route de Plessard à gauche et gagner la base de canoë de Plessard. Poursuivre sur la rive.

❹ Franchir le pont de l'Arsenal qui enjambe la Sèvre Nantaise, remonter à gauche et prendre la N 149 à gauche.

❺ Entrer dans le parc de la Garenne-Lemot *(un plan d'information décrit l'ensemble du site)* et sortir par le passage Raymond-Leray.

À voir

❻ Prendre la rue Saint-Antoine à gauche, franchir le pont, tourner à droite et longer la Moine. Passer sous le viaduc, traverser le quartier de la Garenne-Valentin et remonter pour arriver derrière l'église de la Trinité.

En chemin

■ monuments médiévaux (château, halles, chapelle des Templiers) ■ vallées de la Sèvre et de la Moine
■ monuments de style italien (quartier de La Garenne-Lemot, église Notre-Dame, moulin de Plessard)

❼ Se diriger à gauche, suivre la rue du Couvent à droite, traverser la Grande rue de la Trinité, puis descendre en face par la rue des Cordeliers et franchir le pont.

❷ Emprunter la rue de la Collégiale à droite, continuer par la rue Tire-Jarrets, puis déboucher dans la rue des Halles. La suivre à gauche pour rejoindre le parking.

Dans la région

■ vignoble nantais

Clisson l'italienne

Séduits par le site des bords de la Sèvre Nantaise, deux artistes lauréats du Prix de Rome, le sculpteur François Frédéric Lemot et l'architecte Mathurin Crucy, ont réalisé au cœur du parc de La Garenne un ensemble patrimonial d'une grande qualité. La Villa-Lemot fût édifiée à partir de 1824 sur le modèle architectural néoclassique des demeures patriciennes romaines avec loggia, porche, fronton, belvédère et colonnade en hémicycle. La maison du Jardinier est la première demeure construite sur le site entre 1811 et 1815. C'est le premier édifice italianisant de la région, il s'inspire des demeures d'Ombrie et de Toscane. Le parc est composé comme un paysage de tableau classique : avec ses statues antiques, ses « fabriques », comme le temple de Vesta, le rocher Rousseau … et ses arbres. Même le château féodal, hors du site, participe au décor. Depuis, au sein de la ville, de nombreuses constructions (maisons, usines, échoppes…) ont repris des éléments architecturaux de style italien.

Château de Clisson. *Photo J.-M.L.*

Au long de la Sèvre

Dominée par la silhouette puissante du château de Clisson, la Sèvre, grossie de son confluent la Moine, s'envole presque au gré de ses nombreuses cascades pour emporter sur ses berges buissonnières les pèlerins modernes. En effet, Clisson l'Italienne est aussi une ville jacquaire, passage obligé en venant de Nantes pour rejoindre Compostelle par le Poitou ou la Charente. Le quartier Saint-Jacques, avec sa chapelle du XIIIe siècle restaurée, en est l'exemple. Tantôt calmes, tantôt torrentiels, les flux sculptent un paysage aux humeurs variées, des vallons, des gorges jalonnées de minoteries, de moulins. Les coteaux et leurs vignobles atteignent parfois 290 m (point culminant), créent le liant entre la Loire et Clisson. Rencontre de la Bretagne de l'Anjou et du Poitou, c'est un pays de marches rassemblé par les chemins d'eau. Il a vu de nombreuses confrontations et aura été marqué par les guerres de Vendée. Ses vieux ponts et ses petites cités médiévales invitent à la villégiature.

La Sèvre à Clisson. *Photo J.-M.L.*

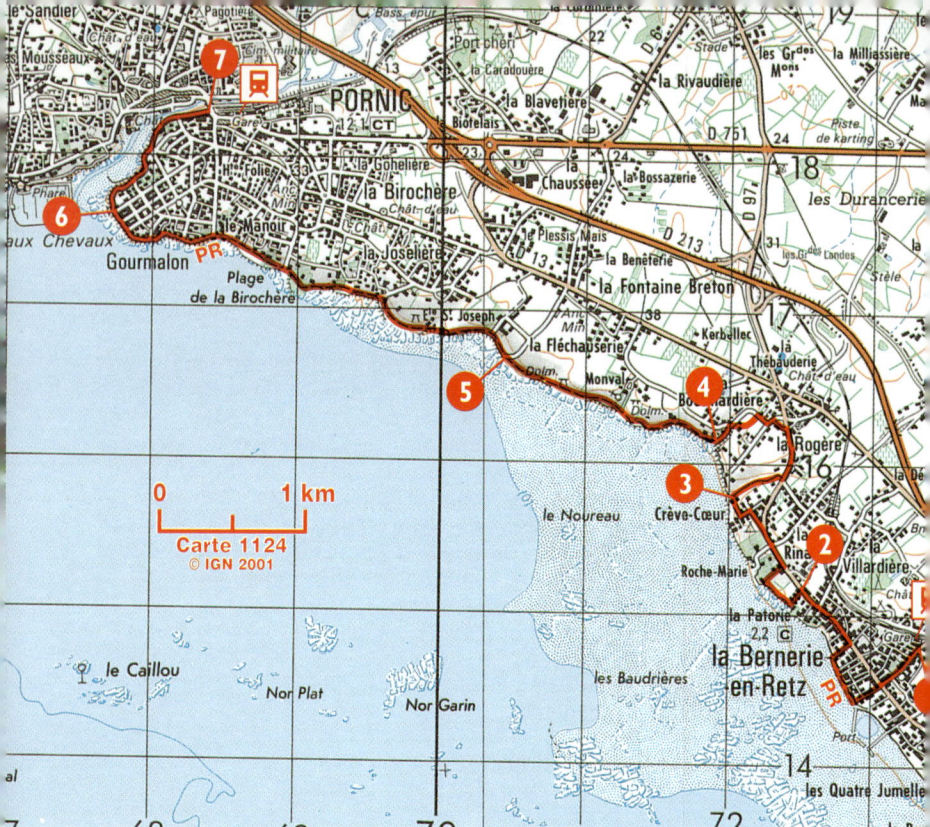

Carte 1124
© IGN 2001

0   1 km

Les écluses de mer

D ans la baie de Bourgneuf, on aperçoit les restes d'écluses de mer, barrages artificiels de pierres plus ou moins perfectionnés établis sur des endroits asséchant à basse mer et destinés à arrêter le poisson qui passe. C'est un procédé de pêche très ancien ; il a été régi par les ordonnances de Colbert après 1677, imposant une redevance aux possesseurs. Depuis 1830 il n'en a pas été construit ; d'autant que chaque année il fallait ajouter de nouvelles pierres pour remplacer celles enlevées par la mer. Depuis la guerre, la quasi-totalité de ces écluses ont été abandonnées. On peut néanmoins en remarquer une en restauration sur la plage de la Source dans le cadre de la conservation du patrimoine maritime.

Pêcheries de la côte de Jade. *Photo J.-M.L.*

Côte de Jade

Ses pêcheries sur pilotis lui confèrent un caractère insolite, tout comme le mouvement des marées qui donne à l'estran ses variations incessantes de lumière et de ligne de côte.

Fruits de mer.
Dessin P.R.

3 h 30
10 km

23 m
3 m — 17 m

Situation La Bernerie, à 40 km à l'ouest de Nantes par les D 751 et D 66

P **Parking** gare de La Bernerie

Balisage jaune

⚠️ **Difficulté particulière**

■ circuit linéaire (prévoir soit le retour par le train, soit le dépôt d'un véhicule à l'arrivée et d'un deuxième au départ)

Ne pas oublier

À voir

❶ À la gare de La Bernerie, descendre vers la mer, longer la plage à droite, puis emprunter la rue Thoby à droite et tourner à gauche *(bien suivre le balisage ; certains passages se font sur la route de Pornic : utiliser à droite l'espace piétons protégé).*

❷ Traverser à gauche le parc des Roches-Dorées *(point de vue sur la baie de Bourgneuf)*. Emprunter la route de Pornic à gauche sur 300 m *(utiliser le bas-côté)*, puis redescendre vers la plage de Crève-Coeur par une sente entre deux propriétés.

▶ Le sentier côtier est interrompu par suite d'un effondrement de la falaise.

❸ S'engager à droite sur le large chemin ombragé qui rejoint La Rinais. Prendre la route de Pornic à gauche *(utiliser le bas-côté)* jusqu'à La Boutinardière, puis redescendre vers la mer.

❹ Avant la plage de La Boutinardière, s'engager à droite sur le sentier côtier qui franchit plusieurs vallons, passe à l'aplomb des criques de Montval et de la Fontaine-aux-Bretons *(vestiges d'un dolmen au Pré d'Air sur une éminence dominant la baie de Bourgneuf)*.

❺ Longer le mur de la propriété Saint-Joseph *(ancien lieu de passage des pèlerins de Saint-Jacques)*. Poursuivre par le large chemin qui, après un vallon, aboutit sur une prairie *(dolmen reconstitué et blockhaus, vestiges du mur de l'Atlantique)*. Le sentier dépasse la plage de la Joselière, la plage de la Birochère et la plage de la Source *(ancien casino 1900 intégré dans le centre de thalassothérapie actuel)* puis, après tronçons routiers, atteint la pointe de Gourmalon *(vue sur le château de Pornic et le fond du port)*.

❻ Continuer par la route de corniche et le quai du Commandant-L'Herminier pour arriver à la gare de Pornic ❼.

En chemin

■ point de vue sur la baie de Bourgneuf, l'île de Noirmoutier et les éoliennes de Bouin au sud ■ pêcheries en bois et parcs en pierre (visibles à marée basse) ■ dolmens du Pré d'Air et de la Joselière

Dans la région

■ Pornic : cairn des Mousseaux ■ Bourgneuf : musée du Pays de Retz ■ Moutiers-en-Retz : ancien port et chapelle de Prigny XIᵉ, lanterne des morts

85

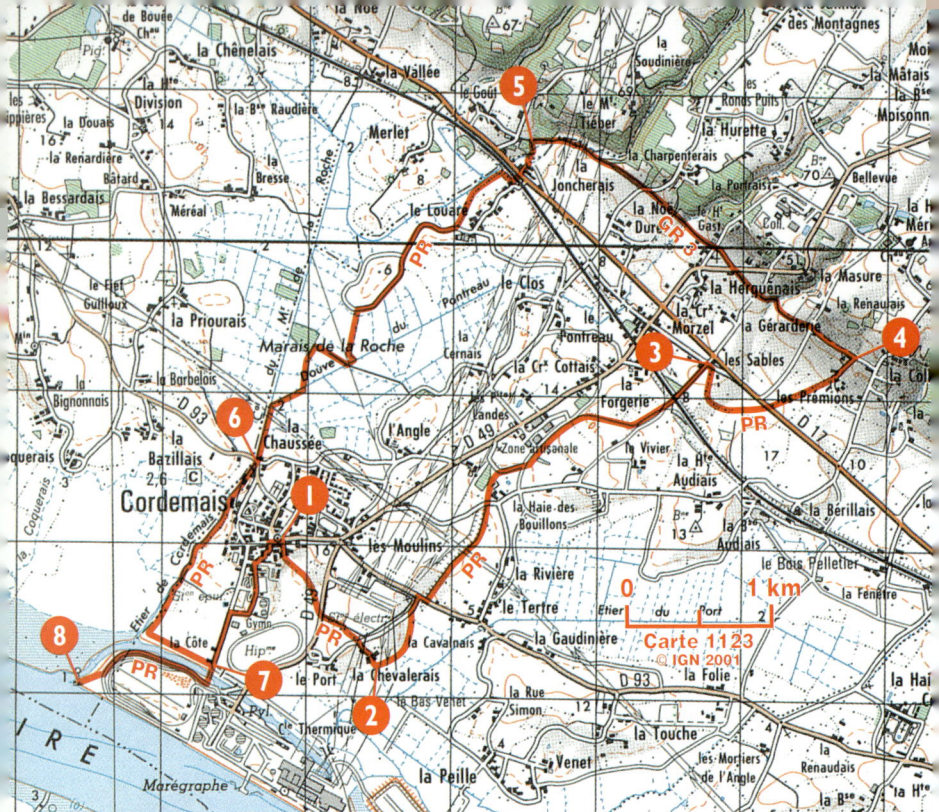

Où l'électricité traverse le marais

Port de Cordemais. *Photo J.-M.L.*

Cordemais, à l'origine *Cor Maris*, « cœur de mer » : la mer s'avançait jusqu'au village dans un passé lointain. La commune possède le point le plus élevé du sillon de Bretagne, à 91 m. Les responsables de ce pays ont su associer ruralité et industrie avec l'implantation d'une centrale électrique mixte, elle fonctionne au fuel et au charbon acheminés par des barges remontant la Loire. Elle sert d'appoint les jours de forte consommation d'électricité. Le contraste est frappant avec les prairies inondables, drainées par des étiers et des douves. Aménagé pour la plaisance, le port accueille aussi les pêcheurs de civelles (alevins d'anguilles). Le promeneur peut s'attarder sur le plan d'eau et observer oiseaux et flore des zones humides.

Marais de la Roche

Canard Pilet.
Dessin P.R.

Dominé par les cheminées de la centrale électrique, le marais s'étend avec ses douves bordées d'arbres ou de roseaux peuplés d'oiseaux aquatiques et d'étranges quadrupèdes de fer.

4 h 30
18 km

32 m
3 m ▲ 98 m

Situation Cordemais, à 29 km à l'ouest de Nantes par les D 17 et D 49

P **Parking** place de l'Eglise

Balisage

❶ à ❹ bleu
❹ à ❺ blanc-rouge
❺ à ❶ bleu

⚠️ **Difficulté particulière**

■ risque d'inondation dans le marais en hiver

Ne pas oublier

❶ De l'église, prendre la rue du Port sur 100 m, puis le chemin à droite en direction de la station électrique. Traverser la route et continuer en face par le chemin qui longe la station, puis part à droite vers La Chevalerais.

❷ Dans le hameau, franchir la ligne de chemin de fer à voie unique, puis la longer à gauche par le sentier sur 2,5 km en coupant plusieurs routes et une voie ferrée.

❸ Aux Sables, tourner à droite, prendre le chemin à droite sur 200 m, puis le chemin à gauche. Couper la D 17, continuer en face et traverser Les Prémions.

❹ Tourner à gauche et poursuivre par le chemin qui se dirige au nord-ouest à mi-coteau. Garder la même direction en coupant cinq routes et, après les lignes électriques, atteindre un vallon.

❺ A l'intersection, prendre le sentier à gauche, franchir la passerelle de bois et passer La Joncherais à droite. Traverser la D 17 puis la voie ferrée, la longer à droite sur 150 m, puis tourner à gauche dans le marais. Emprunter la route à droite, la route de gauche, puis partir à gauche. Après un crochet à droite, franchir la Douve du Pontreau, puis suivre le canal du Marais de la Roche.

❻ Au pont de la Chaussée, suivre le chemin qui longe l'étier jusqu'au bras de Loire. Au bout, virer à gauche.

❼ Franchir la passerelle à droite, puis tourner à droite et gagner l'extrémité ouest de l'île.

Canard Souchet.
Dessin P.R.

❽ Revenir sur ses pas et traverser à nouveau le bras de Loire.

❼ Poursuivre par la D 49 sur 300 m. Tourner à droite puis à gauche et rejoindre le point de départ.

À voir

En chemin

■ Cordemais : église, port de Cordemais, centrale électrique
■ marais de la Roche ■ point de vue sur l'estuaire de la Loire

Dans la région

■ Saint-Nazaire : base sous-marine, estuaire de la Loire

Carte 1022 ET
© IGN 2001

Les vacances de M. Hulot, de J. Tati

Au départ du circuit, la statue en bronze du cinéaste Jacques Tati surplombe la plage. C'est une carte postale qui lui permit de découvrir Saint-Marc. Il y trouva presque tous les « ingrédients » dont il avait besoin pour réaliser son film : la mer, la corniche, les rochers, la plage, l'hôtel, les colonies de vacances, le décorateur s'occupant de fabriquer les éléments manquants. Quand il débarqua avec son équipe fin juin 1951, les habitants ne savaient pas encore qu'ils allaient devenir les héros d'une œuvre qui fera le tour du monde.

Statue de Jacques Tati à Saint-Marc,
Emmanuel Debarre, ©Adagp, Paris 2005
Photo J.-M.L.

Sur les traces de Monsieur Hulot

3 h 30
11 km

45 m
2 m /87 m

Situation Saint-Marc-sur-Mer, à 8 km à l'ouest de Saint-Nazaire par les D 92 et D 292

Parking place de l'Ancienne-Chapelle

Balisage vert

L'itinéraire en partie boisé, domine la mer, l'estuaire de la Loire, l'île de Noirmoutier, la baie de la Baule et ses îlots. Dans l'intérieur, des bois de chênes verts ombragent le parcours.

❶ Du parking, rejoindre la plage *(belvédère, statue en bronze de Jacques Tati)*. Prendre le sentier côtier qui part à l'ouest et longer la mer. Emprunter la D 292 à gauche, puis la route à gauche et arriver au bosquet de la Petite-Vallée. Descendre par le chemin à gauche, poursuivre jusqu'au sémaphore de Chemoulin et gagner la pointe *(point de vue)*.

❷ Continuer le long des plages, monter à droite, emprunter la D 292 à gauche sur quelques mètres, puis partir à droite et parvenir au camp de la Torpille *(dépôt de munitions allemand de la dernière guerre)*. Utiliser le large chemin herbeux à droite pour contourner l'enceinte par la droite.

❸ De l'autre côté du camp, après quelques cabanons, pénétrer à droite dans le bois de chênes verts. Le chemin zigzague et sort du bois. Emprunter la route à droite et continuer tout droit sur 500 m *(à gauche à 20 m, site mégalithique du Pé)*.

❹ Prendre le chemin du Gonon à gauche puis, au Pont-d'Y, la route à droite sur 150 m. Dans le virage, s'engager à gauche sur le chemin des Frémoudières. Au bout, tourner à droite, rejoindre Sirif et continuer jusqu'au grand rond-point d'Océanis.

❺ Emprunter la première route à droite, la route à droite sur 50 m, puis le chemin de terre à gauche. Virer à gauche, traverser la D 292, tourner à droite, puis se diriger à gauche sur 200 m et s'engager à droite sur le chemin du Zouave. Poursuivre par la sente qui se faufile entre les clôtures pour rejoindre la mer au Petit-Gavy.

❻ Utiliser à droite le chemin côtier *(pêcheries)*. Dépasser le phare d'Aiguillon et continuer jusqu'au fort de l'Eve *(ancien fort français refait par les Allemands)*. Traverser en diagonale le parking de la plage de la Courance et emprunter la D 292 à gauche sur 300 m.

❼ Prendre à gauche l'allée du Château qui ramène en bord de mer, puis parcourir le sentier côtier à droite *(butte du Château et mégalithes)* et regagner le point de départ.

À voir

En chemin

- vue sur l'estuaire de la Loire ■ plages ■ ancien camp de la Torpille ■ bois de chênes verts ■ mégalithe du Pé ■ phare d'Aiguillon ■ butte du Château et mégalithes

Dans la région

- marais de Brière ■ Saint-Nazaire : port, base sous-marine

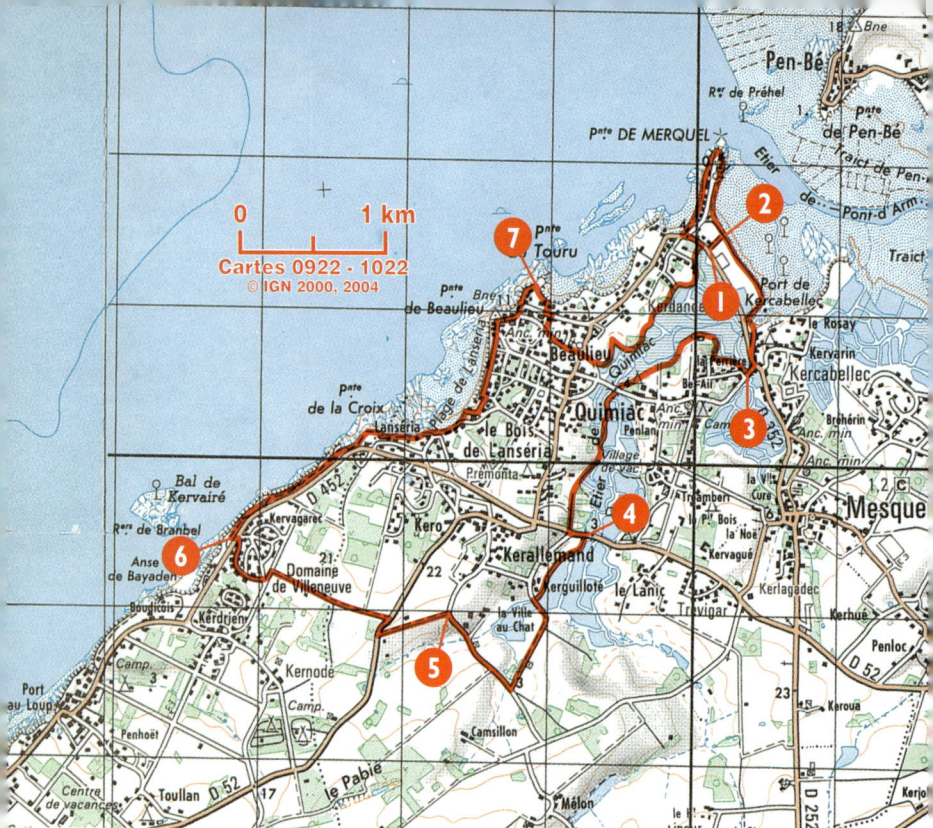

Au fil de l'eau

Ce sentier vous invite à côtoyer la mer qui, par un système d'écluses, irrigue les marais salants. Les paludiers y récoltent le sel en été par évaporation progressive de l'eau, qui circule par gravité dans une succession de bassins de moins en moins profonds. La salinité passe de 30/35 g/litre dans l'eau de mer à 250/280 g/litre dans les derniers bassins appelés « œillets ». Ne pas pénétrer dans les salines : vous les découvrirez du sentier. En silence observez, suivant la saison : bernaches cravants, tadornes, pluviers, aigrettes garzettes, cormorans, hérons cendrés, ibis sacrés, mouettes rieuses ou avocettes.

Face à la côte se présentent l'île Dumet, Penvins et Damgan.

Pluvier doré.
Dessin P.R.

Marais salants de Mesquer

Cet itinéraire varié permet la découverte des marais salants, de l'ostréiculture, de la côte, du port de Kercabellec et de la chapelle de Merquel dédiée aux marins disparus en mer.

3 h 45
14 km

22 m
3 m / 13 m

Situation Mesquer, à 30 km au nord-ouest de Saint-Nazaire par les N 171, D 99 et D 252

Parking Baule-de-Merquel, à 1 km au nord du bourg par la D 352

Balisage jaune

❶ Du parking, partir au nord-est.

❷ Longer le Traict de Merquel à droite. Ne pas traverser la D 352, mais rester en parallèle par le passage piéton à gauche, franchir le pont sur l'étier et poursuivre en parallèle de la D 352. Prendre la route de Bel-Air à droite.

❸ Après le petit pont, s'engager sur le sentier à droite. Il passe en bordure des marais. Prendre la route de Bel-Air à droite sur 20 m, puis continuer à gauche le long du marais. Emprunter la D 52 à gauche sur 100 m.

❹ Avant l'étier, entrer à droite dans le marais. A Kerguilloté, prendre à gauche le chemin de Tahura, puis la route de Keralmen à droite sur 700 m.

❺ Emprunter à gauche l'allée de Kerjolland, la D 52 à droite sur 100 m, puis le chemin de l'Isle aux Renais à gauche. Poursuivre par l'avenue Jean-Bart, dans le lotissement de Kervagarec, puis par l'allée Charcot.

❻ Traverser la D 452 et s'engager sur le sentier côtier à droite *(maison du douanier)*. Il mène à la plage de Lanséria. Après l'enrochement, prendre l'allée des Alcyons, la rue du Praderoi à gauche, le boulevard de l'Océan à droite, la rue du Port, puis le chemin du Bourlandais. Passer dans le parking de la base nautique et descendre l'escalier qui conduit à la plage de Toul-Ru.

❼ Gravir le chemin étroit. Emprunter la rue du Mené à gauche sur 100 m, le passage entre les habitations à droite et la rue du Treyo à gauche. Croiser la rue Lozépienne et continuer par le chemin des Baules qui conduit au marais. Prendre le sentier à gauche, puis la D 352 à gauche. Utiliser le passage piétons pour suivre à droite la plage de Sorloc et parvenir à la pointe de Merquel. Longer la Baule à droite jusqu'à l'intersection de l'aller.

Bernaches cravants.
Dessin P.R.

❷ Tourner à droite pour retrouver le parking.

À voir

En chemin

■ port de Kercabellec
■ pointe de Merquel (belvédère) ■ chapelle de Merquel

Dans la région

■ Batz-sur-Mer : musée des Marais Salants ■ Guérande : ville close

91

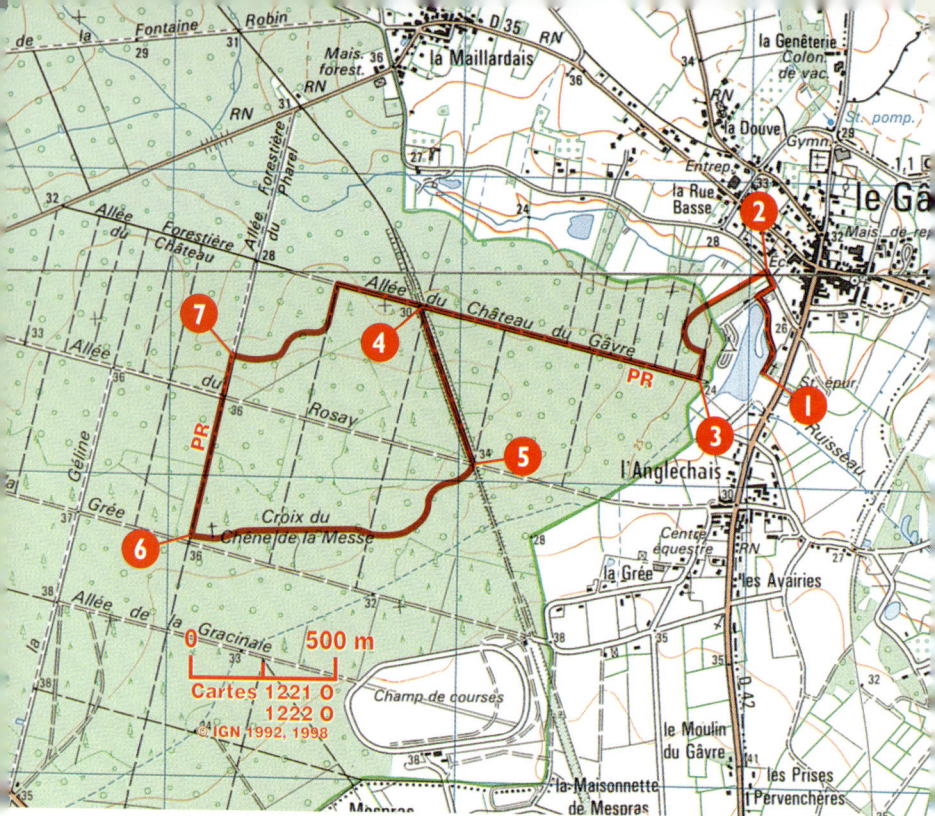

La forêt du Gâvre et les Gavrais

Forêt du Gâvre. Photo J.-M.L.

L a vie des Gavrais est intimement liée à celle de la forêt, car longtemps ses habitants en ont vécu. Au XIIIᵉ s, le Duc de Bretagne leur accorda de nombreux privilèges : droit de passage, de pâture pour les bestiaux, de glandage pour les porcs, droit de chauffage…dont certains ont subsisté presque jusqu'à nos jours. Jusqu'au début du XXᵉ, une grande partie de la population masculine du Gâvre travaillait en forêt comme sabotier ou charbonnier. Aujourd'hui, la forêt (domaniale depuis 1791) est gérée par l'O.N.F. Nombre d'acteurs de la filière bois interviennent pour une exploitation rationnelle : bûcherons, scieurs, débardeurs … A l'automne, grande activité des cueilleurs de champignons et la nuit venue, on écoute le brame du cerf.

Le chêne de la Messe

2 h 30
7,5 km

36 m
24 m 24 m

Au cœur du Pays des Trois-Rivières, partez à la découverte de la forêt du Gâvre, massif forestier unique dans la région, et de ses 4500 hectares. La balade proposée se déroule hors des circuits habituels trop fréquentés.

Cèpes.
Dessin N.L.

Situation Le Gâvre, à 40 km au nord-ouest de Nantes par les N 37, D 164 et D 42

P **Parking** étang, à 300 m au sud du village par la D 42

Balisage bleu

⚠ Difficulté particulière

■ tronçons communs avec d'autres circuits (balisage bleu et blanc) ■ éviter les périodes de chasse

❶ Au fond du parking, prendre le sentier qui passe entre le grand calvaire et l'étang. Au bout de l'étang, tourner à droite pour contourner le court de tennis, puis emprunter la route à gauche sur 30 m et arriver au départ des circuits balisés.

❷ Rejoindre la lisière de la forêt, puis continuer par le sentier qui part en sous-bois et se dirige à gauche.

❸ Prendre l'allée du Château à droite *(jadis, à la place de l'étang, se trouvait un château)* sur 1 km.

❹ S'engager à gauche sur le sentier parallèle à l'ancienne voie ferrée *(ligne de Saint-Malo à Hendaye déclassée en 1952)*.

❺ Traverser l'allée du Rozay et prendre à droite le sentier qui conduit à la croix du Chêne-de-la-Messe *(croix en schiste bleu destinée à la procession des Rogations qui, chaque année, implorait la protection divine sur les récoltes)*.

❻ A la croix, prendre à droite l'allée du Pharel. Croiser l'allée du Rozay et poursuivre sur 100 m.

❼ S'engager sur le chemin à droite. Il zigzague, puis vire à gauche. Au bout, emprunter l'allée du Château à droite.

❹ Continuer tout droit et, par l'itinéraire utilisé à l'aller, revenir au point de départ.

À voir

En chemin

■ étang ■ ancienne voie ferrée ■ croix du Chêne-de-la-Messe

Dans la région

■ Le Gâvre : maison Benoist ■ chapelle de la Magdeleine

Destination campagne

LA MAYENNE, TERRITOIRE DE RANDONNÉES BUCOLIQUES

Pour s'héberger en Mayenne

Loisirs Accueil Mayenne

La centrale de réservation de locations de la Mayenne pour un séjour, un week-end...

Demandez notre catalogue

Gîtes ruraux, villages de chalets, chambres d'hôtes, meublés

Loisirs Accueil Mayenne
84, avenue Robert Buron
BP 0325 53003 Laval cedex
Tél. : 02 43 53 58 81/78
E.mail : lenain.sla53@wanadoo.fr

Réservez et consultez en ligne
les locations du Loisirs Accueil Mayenne sur :
reservation-mayenne.com

LA MAYENNE
CONSEIL GÉNÉRAL

La Mayenne

Bateau sur la Mayenne. *Photo A.G.*

*L*e département de la Mayenne, sans identité naturelle mais résultat de l'histoire a su se trouver une originalité dans ses rivières, son bocage et ses chemins creux. De par sa position géographique, il sait faire le lien entre la Bretagne, la Normandie et l'Anjou.

Les chemins s'affirment comme l'expression d'une œuvre humaine multiséculaire.

S'il s'enfonce dans le sentier, le marcheur se lie à la nature et la saisit dans sa diversité. Le paysage, tout en douceur, ondoie le plus souvent en courbes mouvantes et gracieuses. L'ensemble s'étire sur un relief paisible. Seul le nord-est, au relief plus vigoureux, tire fierté de ses 417 m, point culminant du Massif armoricain.

Par une politique volontariste d'acquisition et d'aménagement des berges, le Conseil général de la Mayenne a rendu accessible aux randonneurs 85 km de chemins de halage de la rivière la Mayenne, l'une des plus belles voies vertes de France.

En Mayenne, les espaces se partagent, le bocage se recompose, les fermes s'ouvrent à l'accueil du marcheur qui goûte la simplicité stimulante des plaisirs de la nature. La rencontre s'opère entre ceux qui vivent autour des chemins creux et ceux qui les empruntent pour quelques heures de plaisir.

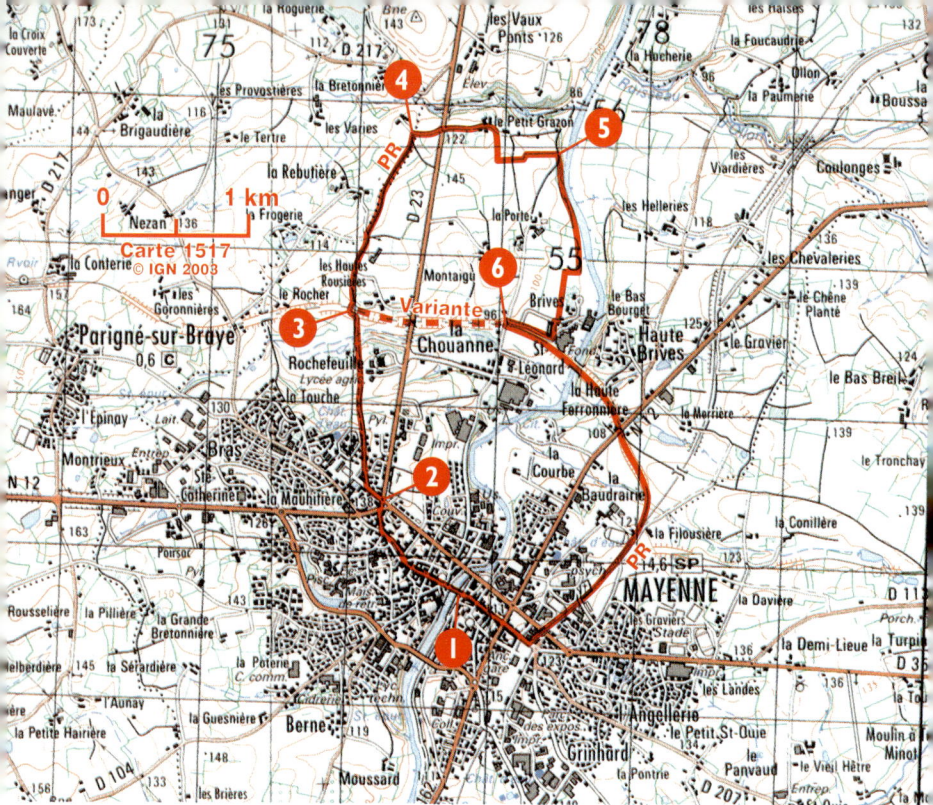

La résidence carolingienne de Mayenne, patrimoine européen exceptionnel

Au IXe siècle, le royaume franc est en difficulté et Charles le Chauve abandonne aux Bretons une partie du Maine. Toutefois, vers 900, la pression bretonne reflue et les Carolingiens s'imposent. Ils construisent à Mayenne une résidence d'apparat, exceptionnellement conservée sur trois niveaux. Elle est à l'origine du château qui abrita à partir du XIIIe siècle d'importantes garnisons. Le monument est classé sur la liste des sites d'intérêt national. Développée à partir du château, la ville a traversé des épisodes heureux et douloureux. Elle a connu un nouvel âge d'or sous Mazarin et compte de nombreux hôtels particuliers.

Mayenne, le château. *Photo CDT 53.*

Viaduc de Brives

Vous cheminerez au cœur de la ville pour la quitter par un grand chemin médiéval et longerez la rive de la Mayenne, enjambée par un viaduc ferroviaire.

3 h
10 km

138 m

92 m / 70 m

Situation Mayenne, à 30 km au nord de Laval par la N 162

Parking quai, près de l'office du tourisme

Balisage jaune

❶ De l'office du tourisme, sur le quai de Waiblingen, traverser la Mayenne et monter au pied de la basilique Notre-Dame. Poursuivre par les rues du Sergent-Louvrier puis du 130e-RI pour atteindre la place de Hercé.

❷ Au monument aux morts, monter vers l'ancienne caserne Mayran, puis emprunter à droite la vieille route d'Ambrières *(large chemin creux bordé d'arbres)*. Après le parc du château de Rochefeuille, déboucher sur l'emprise de la ligne désaffectée du chemin de fer qui desservait Ernée.

Ne pas oublier

▶ Variante *(circuit de 6,5 km)* : prendre à droite l'ancienne voie devenue piétonne.

Caloptéryx spendens.
Dessin P.R.

❸ Traverser l'ancienne voie ferrée et poursuivre par le grand chemin de terre qui atteint le plateau en laissant les voies à droite et à gauche.

❹ Au carrefour de la Jouannerie, tourner à droite, traverser la D 23 *(prudence)* et continuer en face. Après Le Petit-Grazon, virer à droite puis à gauche pour atteindre le coteau qui domine la rivière.

❺ Tourner à droite et emprunter une succession de chemins pour rester près du cours d'eau, jusqu'au site de Brives *(de "briva" qui signifie "pont" en gaulois ; Brives constitue le lieu le plus septentrional de la canalisation de la rivière)*. Virer à droite pour contourner le parc et rejoindre à droite l'ancienne voie ferrée.

❻ Parcourir l'emprise de l'ancienne voie ferrée à gauche. Elle franchit la Mayenne *(viaduc, point de vue, remblais et déblais couverts de végétation)*, croise la N 12 *(prudence)*, puis continue au sud dans les faubourgs de la ville. Après le pont sur la D 35, prendre la rue à droite. Elle ramène au point de départ.

À voir

En chemin

■ Mayenne : basilique Notre-Dame XIIe-XVIe-XIXe, hôtels particuliers, château de Rochefeuille XIVe ■ ancienne voie ferrée de Mayenne à Fougères (déclassée en 1960) ■ architecture ferroviaire

Dans la région

■ Jublains : site gallo-romain (temple, thermes, castrum, théâtre…) ■ Fontaine-Daniel (classée *Petite Cité de Caractère*) : usine de tissage des Toiles de Mayenne, logements collectifs ■ vallée de la Mayenne

Carte 1616
© IGN 2003

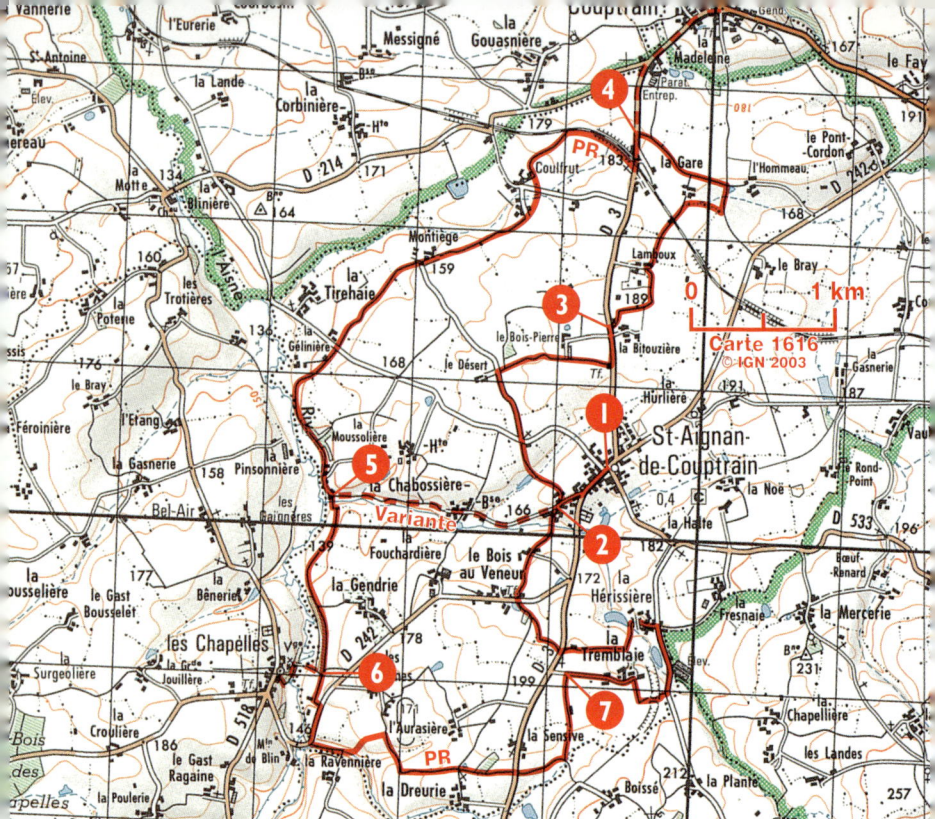

Le campagnol,
le bocage et le randonneur

Qui connaît le héros de bande dessinée Chlorophylle le lérot, du dessinateur Raymond Macherot, aime les rongeurs des champs : muscardins ou « rats d'or », campagnols roussâtres, amphibies, souterrains, des champs, agrestes, sylvestres ou encore des moissons, qui peuvent pulluler dans les talus du bocage…
On connaît avec précision leur présence par les pelotes de réjection régurgitées par des oiseaux de proie, notamment les rapaces et particulièrement la chouette effraie et le faucon crécerelle. Si le campagnol des champs domine partout, ses cousins peuvent être observés dans le bocage serré, les prairies humides près de nombreux ruisseaux et le sentier bordé de haies. Grâce aux rongeurs, la faune est enrichie.

Campagnol roussâtre.
Dessin P.R.

Herbages de Saint-Aignan

Cette boucle composée pour l'essentiel de chemins de terre vous permettra de découvrir un paysage de bocage extrêmement bien protégé.

4 h 15
17 km

197 m
140 m / 209 m

Situation Saint-Aignan-de-Couptrain, à 34 km au nord-est de Mayenne par les N 12 et D 3

P **Parking** place de l'Eglise

Balisage
jaune

Ne pas oublier

① Prendre la D 3 en direction de Javron-les-Chapelles puis, au calvaire, la route à droite sur 100 m.

② A l'entrée de La Ratterie, s'engager sur le chemin à droite. Continuer par la route en face. Au niveau du Désert, emprunter le chemin à droite, laisser Le Bois-Pierre à gauche, puis prendre la D 3 à gauche. Passer La Bitouzière *(percherons)* et poursuivre sur 50 m.

③ Bifurquer à droite. Virer à droite puis à gauche. A Lamboux, partir à droite, croiser l'ancienne voie ferrée, puis tourner à droite et deux fois à gauche pour contourner Belle-Fontaine par la droite. Déboucher sur la D 3.

▶ Couptrain se trouve à 1 km par la D 3 à droite *(gîte de groupe dans la vallée de la Mayenne)*.

④ Prendre la D 3 à gauche, l'ancienne voie ferrée à droite, partir à gauche et contourner Coulfrut par la gauche. Longer la rangée de cerisiers, dans la prairie et poursuivre par le sentier qui mène à Montiège. Au calvaire, s'engager sur la sente à gauche. Laisser Les Bruyères à droite, couper la route et bifurquer à gauche. Le chemin longe la vallée de l'Aisne et conduit à La Monnerie.

▶ Variante *(circuit de 10,5 km)* : tourner à gauche, passer La Chabossière-Basse et rejoindre La Ratterie.

⑤ A la dernière maison, poursuivre par le chemin qui remonte un petit ruisseau et arriver à une intersection.

▶ A droite, à 250 m de l'autre côté de la vallée, possibilité de visiter la grotte des Chapelles.

⑥ Poursuivre tout droit. A La Malherbière, virer à gauche. Emprunter la D 242 à droite, puis le chemin creux à gauche. Laisser la ferme des Plaines à gauche, descendre vers le ruisseau, puis remonter au calvaire. Continuer tout droit, couper la D 3 et prendre le chemin à gauche.

⑦ Prendre la route à droite et passer La Tremblaie. Tourner à droite, à gauche, puis suivre la route à gauche et traverser La Hérissière à gauche. Virer à droite, croiser la D 3 et gagner Le Bois-au-Veneur *(mare)*. Couper la D 242 et continuer vers le nord jusqu'à La Ratterie.

② A droite, regagner Saint-Aignan-de-Couptrain.

À voir

En chemin

■ percherons ■ vallée de l'Aisne ■ bocage ■ Javron-les-Chapelles : grotte des Chapelles

Dans la région

■ mont des Avaloirs (point culminant de l'ouest à 417 m d'altitude) : belvédère ■ Lassay-les-Châteaux (classée *Petite Cité de Caractère*) : château-fort, roseraie, festival des Trois Eléphants et Village en fête ■ Melleray-la-Vallée : musée du Cidre

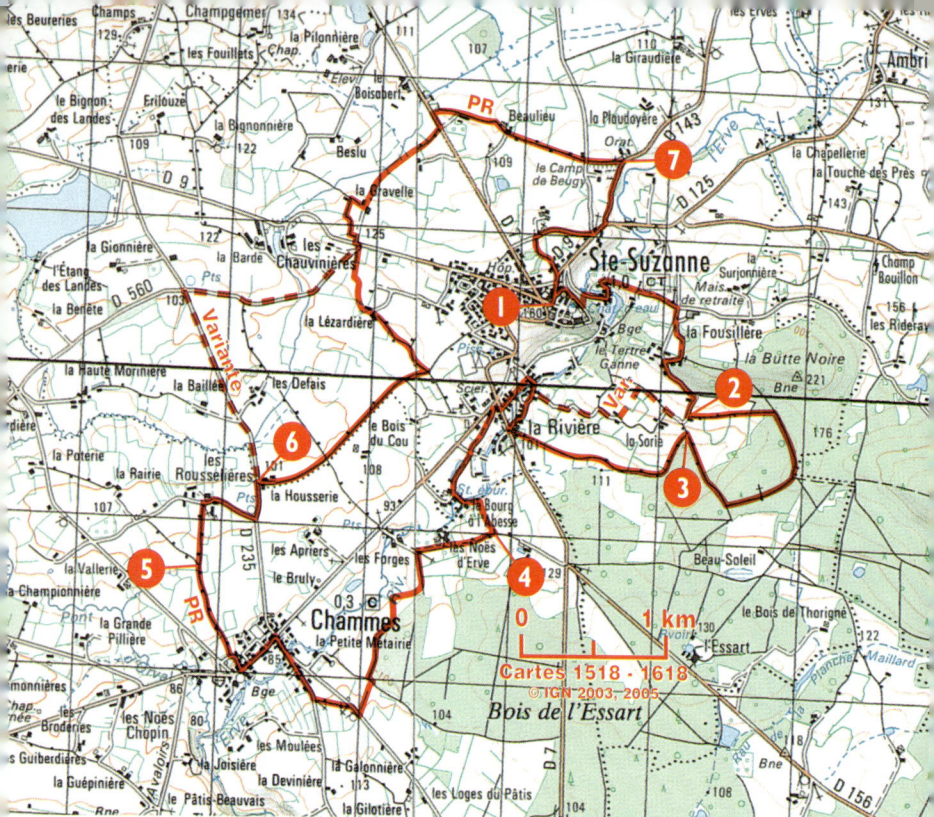

Sainte-Suzanne, cité médiévale

Sainte-Suzanne est bien la seule cité à avoir tenu tête à Guillaume-le-Conquérant malgré un long siège (1083-1087). Le campement du duc de Normandie, futur roi d'Angleterre, est conservé. Dans l'enceinte du château, le donjon quadrangulaire aux épais murs renforcés de contreforts a été construit au XIe siècle. Il est le modèle d'une architecture militaire régionale. L'enceinte de la ville, perchée sur un éperon rocheux dominant l'Erve de 60 mètres, ne date que des XIVe et XVe siècles. Le château, du XVIe siècle, a été édifié par Guillaume Fouquet de la Varenne, gouverneur d'Angers et contrôleur général des postes qui a lancé l'organisation de la poste moderne. Dans la cour, l'élégant porche de l'entrée tranche avec la sobriété de la façade.

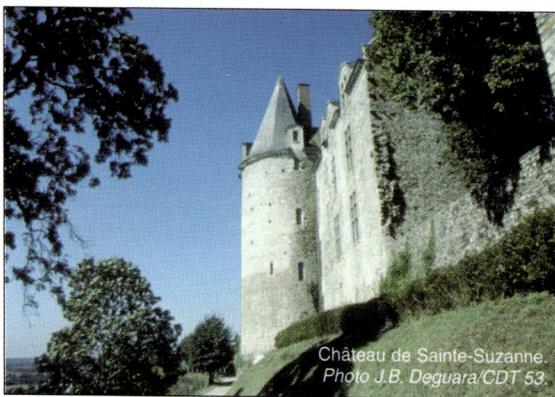

Château de Sainte-Suzanne.
Photo J.B. Deguara/CDT 53.

Autour de la cité médiévale

Partez à la découverte d'un site exceptionnel où Guillaume le Conquérant connut son seul échec. Un abondant réseau de chemins sauvegardés permet à chacun de découvrir cet endroit.

1 Emprunter la D 9 en direction de Torcé-Viviers sur 50 m, descendre à droite et franchir l'Erve. Remonter vers la maison de retraite, longer le mur d'enceinte par la droite et gagner à droite Le Haut-Essard. Tourner à gauche.

2 Au Gros-Chêne, virer à gauche et entrer dans la forêt de La Charnie. Tourner deux fois à droite *(Vierge de Beausoleil)*, puis encore à droite et arriver à une intersection à l'entrée de La Sorie.

▶ Si le terrain est trop humide, continuer tout droit *(balisage orange)*.

3 S'engager sur le sentier herbeux à gauche. Au carrefour de la D 7, partir à droite *(moulins)*, puis revenir à gauche et couper la D 7. Avant la D 125, tourner à gauche, gagner Le Plessis, franchir l'Erve au Bourg-à-l'Abesse, virer à gauche puis à droite et atteindre une intersection.

▶ Possibilité de visiter le jardin médiéval *(courtil)* du centre de chevalerie de Clair-Bois.

4 Prendre le chemin à droite, le chemin à gauche, virer à gauche puis à droite, puis emprunter la petite route à gauche. Partir à gauche, gagner le centre de Chammes, franchir la rivière et emprunter la D 125 à gauche. Avant le bar-épicerie, s'engager sur le chemin circulaire à droite.

5 Laisser le chemin de la chapelle de la Rairie à gauche, continuer tout droit, prendre la route à droite, puis la D 235 à gauche. A La Housserie, tourner à droite et arriver à une croisée de chemins.

▶ Si le terrain est trop humide, prendre le chemin à gauche.

6 Continuer tout droit. Tourner à gauche, gagner La Lézardière puis La Gravelle *(bien suivre le balisage)*. Prendre la D 7 à gauche sur 100 m, puis virer deux fois à droite pour passer La Hardière et Le Grand-Beaulieu. Couper la route *(décalage à gauche)*.

7 Prendre la D 143 à droite. Aux Granges, se diriger à droite vers Poil-de-Brebis et, au niveau de la propriété, virer à gauche. Passer le cimetière *(croix du XVIᵉ)*, puis retrouver le point de départ.

---

4 h 45
19 km

198 m
84 m — 304 m

Situation Sainte-Suzanne, à 38 km à l'est de la Laval par les N 157 et D 125

Parking place Ambroise-de-Loré

Balisage
jaune

Difficulté particulière

■ chemin humide après **3** et après **6**

Ne pas oublier

À voir

En chemin

■ Sainte-Suzanne (classée *Petite cité de caractère*) : cité médiévale, château XIᵉ-XVIIᵉ, musée de l'Auditoire, spectacle médiéval, moulins sur l'Erve, camp des Anglais, promenade de la Poterne

Dans la région

■ Evron : basilique Notre-Dame, festival d'Art sacré et festival de la Viande
■ Saulges (classée *Petite cité de caractère*) : site des Grottes, chapelle Saint-Pierre, moulin de Thévalles ■ Sainte-Gemmes-le-Robert : site du Montaigu ■ Vaiges : élevage de sangliers

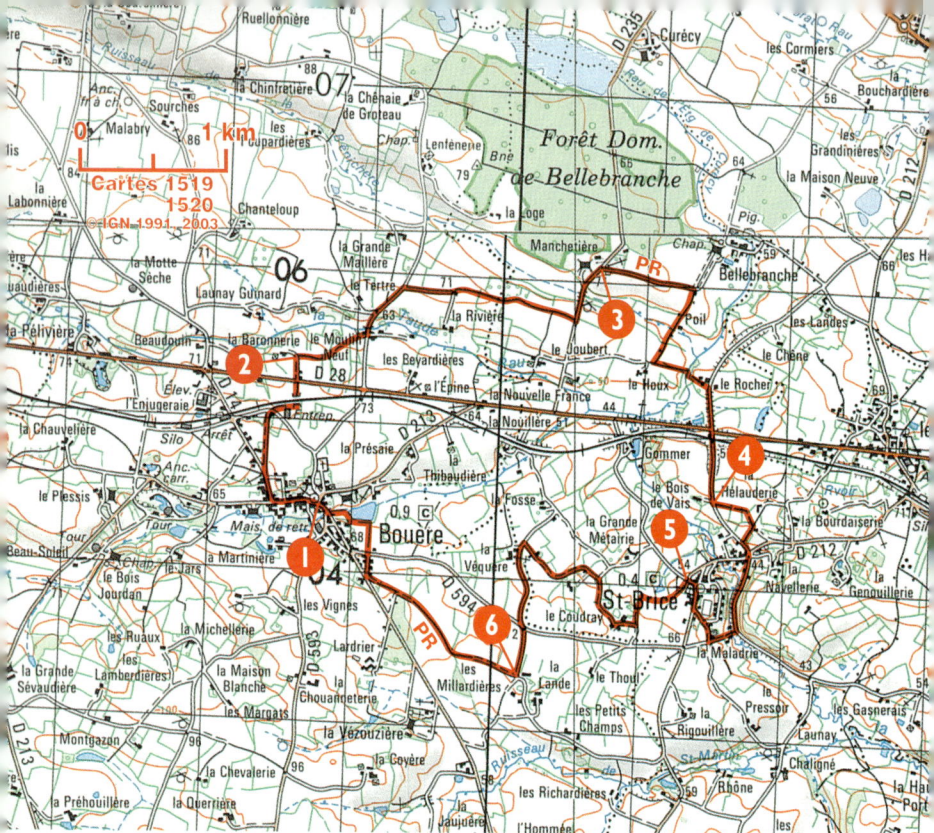

Un patrimoine naturel et culturel à préserver

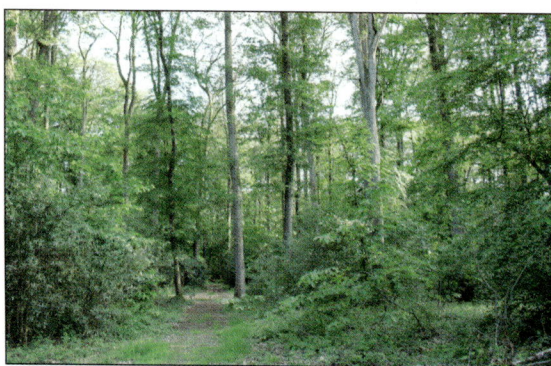

Forêt de Bellebranche. *Photo D.B.*

Le bourg de Bouère se présente comme un village-rue. A l'ouest, la forêt de Bellebranche conserve les traces d'une puissante installation monastique autour de son abbaye qui garde des vestiges exceptionnels. Le sous-sol calcaire a historiquement constitué une richesse parce qu'il a servi l'activité humaine. Son exploitation s'est traduite par la fabrication de chaux, de tuiles mais aussi l'extraction d'un marbre gris panaché ou rose qui a inscrit dans le village une mémoire ouvrière et paysanne. Les somptueux châteaux sont ainsi complétés par un bâti de maisons basses de style angevin.

Fours à chaux de Bouère

3 h 15
12,5 km

81 m
43 m / 161 m

Situation Bouère, à 30 km au sud-est de Laval par les D 21, D 14, D 28 et D 14

Parking place de l'Eglise

Balisage jaune

Ne pas oublier

Écureuil.
Dessin P.R.

Reliez deux bourgs par des chemins de chaufourniers et gagnez l'orée de la forêt domaniale de l'abbaye médiévale de Bellebranche.

1 De la place de l'Eglise, emprunter la D 213 en direction de Grez-en-Bouère sur 300 m, la D 14 à droite, puis bifurquer à droite et gagner La Croix-Verte. Traverser le carrefour et passer sous la voie ferrée de Sablé à Segré.

2 Avant La Baronnerie, partir à droite. Au Moulin-Neuf, emprunter la route à gauche, puis la route à droite et, dans le virage, le chemin à gauche. Prendre la D 235 à gauche.

3 Au niveau du château de la Manchetière, suivre la route à droite. Au croisement, laisser le château de Bellebranche à gauche et virer à droite. Après le ruisseau, tourner à gauche et gagner Le Rocher. Prendre la route à droite. Traverser la D 28 puis la voie ferrée et continuer sur 400 m.

4 Partir à gauche, puis virer à droite et reprendre la route à gauche. Continuer tout droit par la route qui longe la vallée. Après La Gautray, tourner trois fois à droite et entrer dans Saint-Brice. A l'église, emprunter la route à gauche sur 100 m.

5 S'engager sur le chemin à gauche. Traverser Le Grand-Coudray à droite, passer La Maison-Neuve et ; après La Petite-Véquère, prendre la route à gauche. Couper la D 594 (*prudence*) et parvenir au carrefour de La Petite-Lande.

6 Prendre le chemin à droite, continuer à droite et, avant la D 14, tourner à droite. Couper la D 594, longer l'étang à gauche, puis virer à gauche et suivre la D 14 à droite pour retrouver l'église de Bouère.

À voir

En chemin

■ **Bouère** : fours à chaux et anciennes carrières de marbre, chapelle des Freux (1871) ■ château de la Manchetière ■ château de Bellebranche

Dans la région

■ **Saint-Denis-d'Anjou** (classée *Petite Cité de Caractère*) : halles en bois, maison canoniale fin XVe, église médiévale, forge XVIIIe ■ **La Cropte** : village fleuri "4 fleurs" ■ **Grez-en-Bouère** : moulin-cavier de la Guénaudière ■ **Saint-Denis-du-Maine** : base de loisirs de la Chesnaie

Cartes 1419 E - 1519 O
© IGN 2003

0   500 m

Observer, écouter, comprendre

La Mayenne est bordée d'un chemin de halage de 85 km. A Saint-Sulpice, la flore peut être commune (salicaire, roseau, iris, nénuphar, menthe), exceptionnelle (orchidée épictatis, héllébore verte, doronic à feuille plantain, molène noire), et toujours abondante au printemps (ysopire et cardamine impatiente) sur les coteaux abrupts boisés et frais. La strate arborée est certes commune mais aussi remarquable (énorme frêne, séquoïas, ginkgo biloba, monumental cèdre du Liban). La rivière offre une riche diversité piscicole. Les espèces d'oiseaux sont nombreuses. Le martin pêcheur peut être facilement observé, volant au ras de l'eau…Tiiiit…tiiiit… Déchirement subtil du silence ; randonnée rime avec nature !

La Mayenne. *Photo J.-C.D.*

Moulins de Saint-Sulpice

2 h
6 km

88 m
31 m / 50 m

Situation Saint-Sulpice, à 20 km au sud de Laval par la D 112

Parking place de l'Eglise

Balisage jaune

Parcourez un sentier vert très vivant qui conduit à la Mayenne. Après avoir remonté le halage, le château de la Rongère s'impose par son style. La terre, l'eau et l'histoire réunies…

❶ Emprunter la D 112 vers le sud en direction de Château-Gontier sur 100 m, puis la route à gauche. Laisser Oliveau à gauche et franchir le ruisseau.

❷ S'engager sur le chemin à gauche, bifurquer à gauche, puis emprunter la petite route à droite. Au carrefour, prendre la route à gauche et gagner le parc et le moulin de Neuville.

Ne pas oublier

❸ Remonter le cours de la Mayenne par le chemin de halage jusqu'au moulin de la Rongère.

Séquoia.
Dessin N.L.

▶ Possibilité de voir le site de la Valette à 500 m en amont *(château, escarpement)*.

❹ Prendre la route à gauche *(à gauche, demeure de l'Ermitage)* et rejoindre Saint-Sulpice.

Canard colvert.
Dessin P.R.

À voir

En chemin

■ passereaux, oiseaux aquatiques ■ chemin de halage (écluses) ■ moulins (panneaux didactiques) ■ château de la Rongère XVIe-XVIIe-XVIIIe-XIXe ■ demeure de l'Ermitage XVIIe

Dans la région

■ Château-Gontier : église Saint-Jean-Baptiste, couvent des Ursulines, hôpital Saint-Julien, hôtels particuliers, festival La Chalibaude et festival Les Musicales, refuge animalier de l'Arche (Festimalia) ■ vallée de la Mayenne

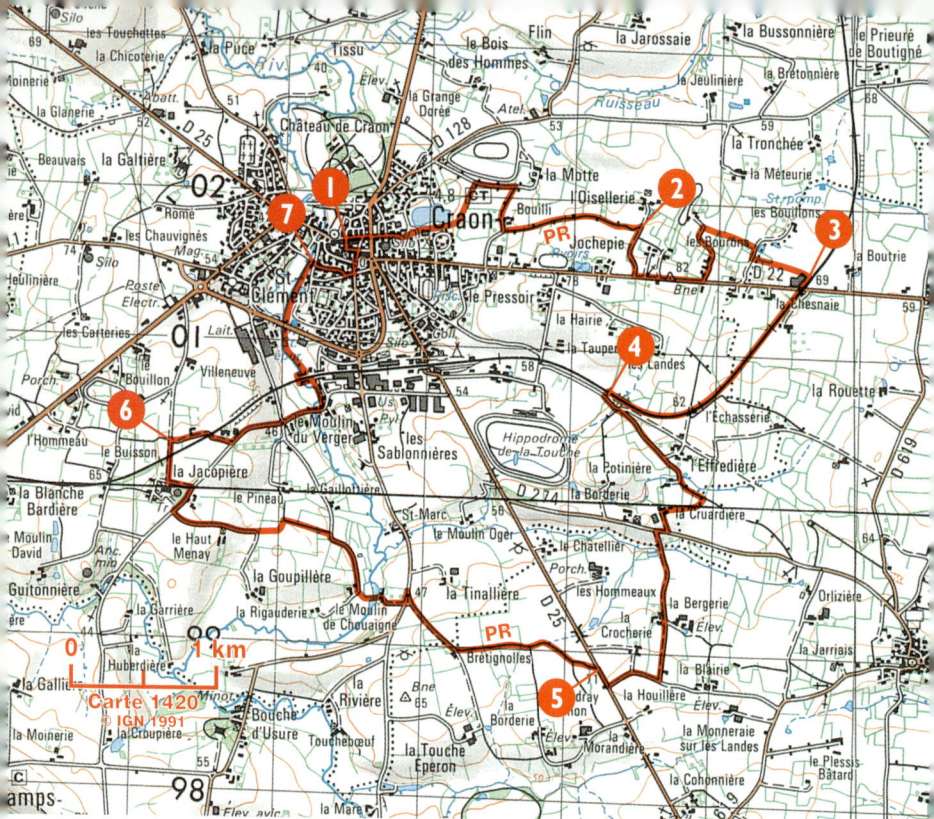

Carte 1420
IGN 1991

0   1 km

Craon en septembre, capitale du sport hippique

L' hippodrome de La Touche s'étend sur 65 ha et compte 12 km de pistes. Son renom international est dû à son exceptionnel parcours de 32 obstacles de steeple-chase, tous visibles des tribunes contenant douze mille personnes. De la fin août à mi-septembre, le pari mutuel réunit des dizaines de milliers de personnes passionnées de trot, de plat, de cross-country. Depuis 150 ans, la ville vit au rythme de cet évènement annuel. La ville de Craon présente au visiteur un mélange urbain et harmonieux de nombreux hôtels particuliers, un espace unique occupé par le château, joyau de l'architecture du XVIIIe siècle, entouré d'un parc de 40 ha ouvert au public et une très célèbre activité de fabrication fromagère.

Château de Craon. *Photo A.G.*

L'hippodrome de Craon

4 h 15
17 km

81 m
34 m — 44 m

Situation Craon, à 30 km au sud-ouest de Laval par la N 171

P **Parking** place du Mûrier ou plan d'eau du Mûrier

Balisage jaune

Craon, ville renommée pour son bâti, son hippodrome et pour sa tradition laitière.

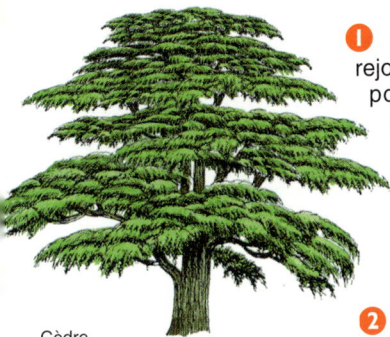

1 De la place du Mûrier, rejoindre le plan d'eau et poursuivre par le chemin qui vire à gauche. Emprunter la route à droite, passer La Motte, puis partir à droite. Après Le Bouilli, tourner à gauche.

Cèdre.
Dessin N.L.

Ne pas oublier

2 A la croisée, virer à droite. Emprunter la D 22 à gauche, puis partir à gauche et passer La Maison-Neuve. Avant Les Bas-Bourrons, s'engager sur le chemin à droite. Tourner à droite puis à gauche et déboucher sur la voie verte.

3 Parcourir la voie verte à droite sur 1,2 km.

4 Emprunter la route à gauche et passer L'Effredière. Avant La Potinière, continuer par le chemin, puis tourner à droite vers La Cruardière. Prendre la D 274 à droite, puis la voie à gauche et franchir le ruisseau. A La Haute-Bergerie, continuer tout droit. Suivre la route à droite, puis la D 25 à droite sur 100 m.

5 Bifurquer à gauche. Aux Bretignolles, tourner à droite. Emprunter la D 229 à gauche, puis descendre à droite et passer le moulin de Chouaigne. Prendre la route à droite, le chemin à gauche et virer à gauche pour passer Le Haut-Menay. Suivre la route à droite, partir à gauche vers La Jacopière et franchir la voie ferrée.

6 Tourner à droite, passer à nouveau la voie ferrée et prendre la route à gauche. Tout droit, elle conduit au moulin du Verger. Longer la rivière à gauche et regagner Craon.

7 Partir à droite et parcourir le centre ancien de Craon. Emprunter la rue des Douves *(douves à droite)*, la Grande rue à gauche *(maisons rénovées)*, tourner à gauche vers les halles *(fontaine)*, puis à droite et retrouver la rue du Mûrier.

À voir

En chemin

■ ancienne voie ferrée aménagée en chemin de randonnée ■ Craon : hippodrome de la Touche, centre historique, château 1773-1779 et parc, halles 1850

Dans la région

■ Cossé-le-Vivien : musée Robert Tatin, festival Les Embuscades ■ Renazé : musée de l'Ardoise et de la Géologie ■ Denazé : Musée de la Forge ■ La-Selle-Craonnaise : base de loisirs de la Rincerie (plan d'eau de 50 ha)

Saveurs lactées, goûts du terroir

L e lactopôle, plus grand musée du monde laitier, offre un voyage guidé au cœur de la tradition laitière française, de l'artisanat à la période industrielle. La Mayenne compte 280 000 habitants, mais trois fois plus de bovidés. On ne s'étonnera donc pas que les Européens consomment des marques connues parmi les 22 variétés de fromages mayennais. Les gourmets apprécieront aussi le chocolat. La tradition culinaire est celle des produits fermiers et la cuisine les exalte. A ce simple énoncé, les papilles sont excitées : filet de sandre à la tombée de pomme, aiguillette de brochet au beurre de cidre, foie gras maison au pommeau, filet de bœuf fermier du Maine en croûte de sel, fine de Maine.

Laval. Photo A.G.

Bois Gamats

Découvrez un petit itinéraire secret dit de marche-pied jusqu'au bois… et tout ce que vous avez toujours voulu savoir sur le lait.

1 h 30
4,5 km

84 m
51 m — 30 m

Situation Laval

Parking rue de la Tisonnière, au sud de la ville

Balisage jaune

1 A gauche du Lactopôle, franchir la passerelle qui enjambe le ruisseau Saint-Nicolas.

2 S'engager à droite sur le sentier ombragé qui conduit à la rivière et poursuivre par le chemin de marche-pied. Longer le coteau boisé et parvenir dans le vallon de la Chevalerie.

Rameau
de châtaignier
Dessin N.L.

3 Monter vers l'ancienne ferme du Bois-Gamats.

4 Dans la cour, emprunter à droite le sentier botanique (panneau).

5 Tourner à droite et parcourir les allées du bois *(bien suivre le balisage)*.

6 Obliquer à gauche.

5 Descendre vers la ferme.

4 Prendre le chemin creux qui démarre entre les bâtiments. Couper la route, franchir le petit ruisseau de la Chevallerie, continuer à droite pour passer La Touche-d'Avesnières, puis emprunter la route à gauche. Bifurquer à gauche, poursuivre à gauche et retrouver la passerelle de l'aller.

2 Rejoindre le point de départ.

Chevreuil.
Dessin P.R.

À voir

En chemin

■ Laval : Lactopôle (musée vivant du Monde laitier)

Dans la région

■ Laval : château XIe, vieille ville, bateau-lavoir Saint-Julien, musée-école de la Perrine, musée d'Art naïf, espace Alain Gerbault, musée vivant de l'Ecole publique, musée des Sciences, festival de la BD et festival *Les Uburlesques* ■ Entrammes : abbaye du Port-Salut, thermes gallo-romain ■ Parné-sur-Roc (classée *Petite Cité de Caractère*) : centre pittoresque, fours à chaux ■ Forcé : parcours "accrobranches"

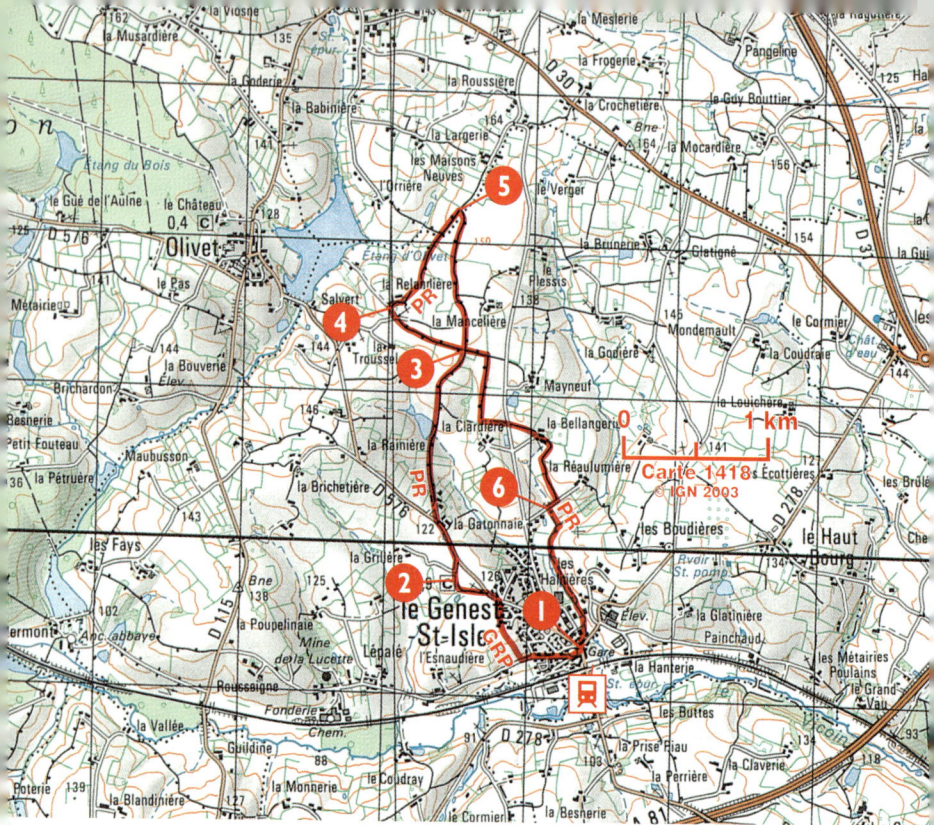

La mine d'or et d'antimoine de la Lucette

L'exploitation aurifère a cessé en France mais les pépites font toujours rêver. Au Genest, le gisement d'antimoine a produit près de la moitié de la production française. Une gigantesque halle en bois du début du siècle demeure intacte grâce aux propriétés ignifugeantes de l'antimoine. Aujourd'hui, pour résister à la concurrence et répondre aux exigences environnementales, la fonderie innove par la recherche de nouveaux produits. La vie des habitants a été imprégnée de ce passé industriel pendant 70 ans. Si la tradition ouvrière s'estompe, elle garde des traces encore vivantes (hameaux, maisons). Seuls quelques chemins empierrés peuvent encore livrer d'infimes paillettes scintillant dans le quartz.

Pépite d'or.
Photo A.G.

Chemins creux du Genest

2 h 30
7,5 km

157 m
89 m — 18 m

Le nord du Genest, au parcellaire très serré traversé par de nombreux chemins creux, constitue un archétype du bocage ancien du Bas-Maine. Agriculture et développement durable.

Situation Le Genest-Saint-Isle, à 10 km à l'ouest de Laval par les D 30 et D 278

Parking place de l'Église

Balisage
❶ à ❷ jaune-rouge
❷ à ❶ jaune

Difficulté particulière
■ chemin humide par temps de pluie ou en hiver

❶ Partir entre l'église et la mairie et prendre à droite la route de la Lucette sur 500 m. Monter par le sentier à droite et continuer tout droit dans la zone résidentielle. Emprunter la D 576 à gauche sur 60 m, puis le chemin à gauche.

Pigeon ramier.
Dessin P.R.

❷ Bifurquer sur le chemin de droite. Suivre la D 576 à gauche *(prudence)* sur 250 m, puis partir à droite vers Les Bruyères. Passer le plan d'eau et atteindre une intersection.

▶ Variante *(circuit de 5 km)* : prendre le chemin à droite.

❸ Prendre le chemin à gauche. Dépasser la croix de pierre *(XVIIe)* et continuer par la route sur 100 m.

❹ Tourner à droite vers les ruines de La Relandière, puis traverser la prairie entre deux échaliers.

❺ Revenir par le chemin à droite.

Ne pas oublier

❸ Tourner à gauche, puis à droite. Avant La Chardière, virer à gauche, couper la route et, après La Bellangerie, poursuivre par le chemin de crête qui domine la vallée du Vicoin.

▶ Les chênes têtards abritent des nids de pigeons ramiers : au printemps, ne pas déranger les couvées.

Emprunter la route à droite sur 100 m.

❻ Avant le pavillon, descendre à gauche et longer le ruisseau à l'intérieur du parc *(aire de loisirs)*. Après la salle de sports, tourner à droite sur le talus, puis suivre le chemin à gauche. Prendre la rue à gauche, puis la rue à droite pour retrouver le point de départ.

À voir

En chemin
■ bocage ■ croix de pierre ■ point de vue ■ aire de loisirs

Dans la région
■ Le-Genest-Saint-Isle : mine de la Lucette ■ Olivet : abbaye de Clairmont XIe, ancien prieuré, étang ■ Saint-Ouën-des-Toits : musée Jean Chouan et de la Paysannerie XVIIIe

Pontmain, comme Lourdes, haut lieu d'apparition mariale

L e 17 janvier 1871, la France est en guerre et en détresse. Les Prussiens pénètrent en Mayenne. Devant une grange du village, quatre enfants reconnaissent la Vierge. Elle délivre un message annonciateur de paix. Le 22 janvier, l'armistice est signé. Dès 1872, contre les autorités religieuses, les foules se précipitent. Une basilique est bâtie en 1905. Aujourd'hui 300 000 pèlerins et visiteurs sont accueillis chaque année. Au début de ce XXIe siècle, les grands rassemblements concourent à l'économie tou-

Château de Mausson. *Photo A.G.*

ristique. A Pontmain, lieu « habité » et petit temple de marchands, on peut choisir les jours de foule ou leurs lendemains de solitude.

Château de Mausson

Au départ de Pontmain, haut-lieu de pèlerinage à la Vierge, découvrez en famille les chemins verts qui conduisent au site particulier du château de Mausson.

1 h 45
5 km

167 m
136 m — 90 m

Situation Pontmain, à 50 km au nord-ouest de Laval par les D 31 et D 290 (Saint-Mars-sur-la-Futaie)

P **Parking** rue de Mausson

Balisage jaune

1 A l'intérieur du parc du Bocage, se diriger à droite pour contourner le bois en partie sud. Emprunter à droite l'ancienne voie ferrée.

Rhododendron.
Dessin N.L.

2 Laisser le chemin à gauche et continuer jusqu'au château de Mausson.

3 Tourner à droite le long des remparts, passer en bordure de l'étang, puis emprunter la route à gauche et gagner Les Pièces.

4 Descendre à gauche par le chemin de terre bordé de murs de pierre, puis franchir le vieux pont de pierre et continuer sur 100 m.

À voir

En chemin

■ Pontmain : basilique 1874 (commémorant l'apparition de la Vierge en 1871), grange de l'Apparition, église, maison des Oblats, centre d'art contemporain ■ château de Mausson XVe-XVIe (ne se visite pas) ■ Le Pont-Dom-Guérin : hameau pittoresque

Épi de blé.
Dessin N.L.

5 Partir à gauche, franchir le portail aménagé, prendre la route à gauche, puis tourner à gauche et retrouver le château de Mausson.

3 Parcourir l'ancienne voie ferrée à droite.

2 Franchir la Futaie sur le petit pont de bois et rejoindre le parc du Bocage et le point de départ.

Dans la région

■ Saint-Mars-sur-la-Futaie : arbre le plus vieux de France ■ Ambrières-les-Vallées : station verte de vacances, musée des Tisserands ■ Saint-Loup-du-Gast : village fleuri "4 fleurs", vélo-rail sur l'ancienne voie ferrée ■ Colombiers-du-Plessis : jardin des Renaudies, écomusée des Vieux Métiers

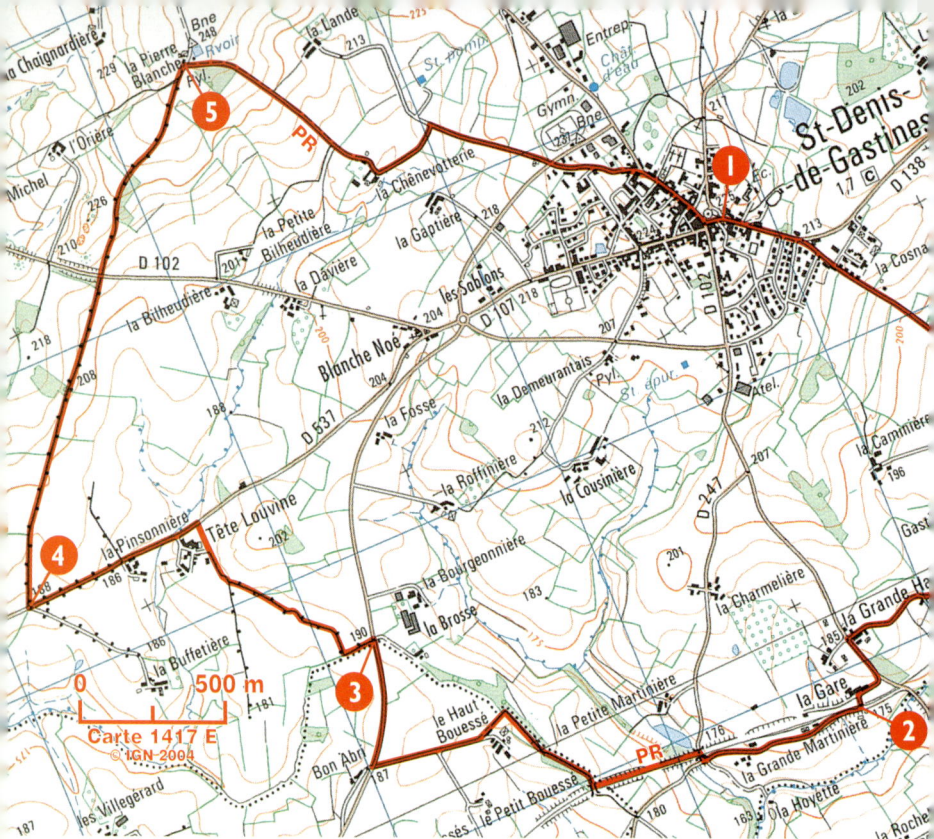

Carte 1417 E
© IGN 2004

Au coin de la rue, des festivals

Dans le parc du château du Bourg, demeure bourgeoise devenue gîte d'étape et de séjour, se déroule chaque premier week-end de juillet le festival « Au foin de la rue », réunissant des concerts de musiques actuelles et des animations d'« arts de la rue ». La rue, c'est aussi le charme début XXe siècle du village avec ses hautes maisons appareillées en granit, la sobriété des façades, les volumes des toits dominés par l'église au cœur du bourg... Une fois tous les deux ans, à la mi-août, un festival du travail à la ferme présente le battage du blé avec locomotive à vapeur, nombreux moteurs et tractions de collection...En prime, découverte de métiers d'autrefois : cordonnier, cordier, scieur de long, vannier...

Château du Bourg.
Photo Mairie de Saint-Denis-de-Gastines

Le bocage de Saint-Denis

Par monts et par vaux, pénétrez dans un bocage traditionnel.

1 Emprunter la D 138 sur 300 m, la route à droite, puis encore la route à droite. Passer Gastines puis La Grande-Hairie. Suivre la D 102 à gauche et parvenir à l'ancienne gare.

2 Longer l'ancienne voie ferrée à droite, croiser la D 247, puis tourner à droite. Monter à gauche pour rejoindre Le Haut-Bouessé. Continuer par la route jusqu'au Bon-Abri. Emprunter la D 107 à droite sur 450 m.

3 S'engager sur le sentier à gauche. Après Tête Louvine, prendre la D 537 à gauche sur 550 m.

4 Emprunter le chemin bocager à droite sur 2 km. Il traverse les anciens domaines de Montflaux et de la Sensive et croise la D 102.

5 A La Pierre-Blanche *(point culminant de la région)*, descendre à droite par le sentier escarpé à La Chênevotterie. Tourner à gauche, puis emprunter la route à droite. Continuer par la rue Flandres-Dunkerque et la D 107 pour retrouver le point de départ.

Crapaud.
Dessin P.R.

Situation Saint-Denis-de-Gastines, à 32 km au nord de Laval par les D 31, N 12 et D 107

Parking place de l'Eglise

Balisage jaune

Ne pas oublier

À voir

En chemin

■ Saint-Denis-de-Gastines : église XVIe, festival Au Foin de la Rue et fête de la Moisson ■ ancienne gare ■ chemin bocager ■ La Pierre-Blanche (point culminant de la Mayenne à 248 m d'altitude)

Dans la région

■ Ernée : espace culturel Louis Derbré, musée de la Préhistoire et du Trésor gallo-romain ■ Chailland (classée *Petite Cité de Caractère*) : ancienne forge, église ■ Juvigné : musée du Moteur et de l'Outil à la Ferme, village fleuri "4 fleurs", jardin de la Pellerine, festival de la Moisson

En **Sarthe**,
on a les
chevilles
qui enflent.

La Sarthe, c'est 3000 km de chemins
balisés, une nature préservée,
de nombreuses activités de plein air
et un art de vivre unique.

Partez vite à sa découverte sur :
www.sarthe.com

Déontique **DG** RCS Nantes
& Galilée   380 333 294

LA SARTHE, ON EN EST FIER.

Sarthe S

La Sarthe

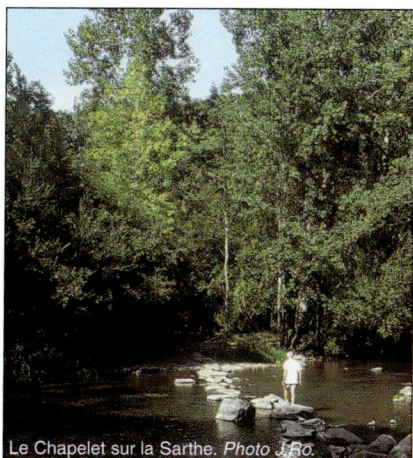

Le Chapelet sur la Sarthe. *Photo J.Ro.*

*D*es hautes futaies de chênes séculaires aux saules argentés des vallées encaissées, des reliefs escarpés des Alpes mancelles aux douces collines du Perche sarthois, des vignes des coteaux du Loir aux vergers de pommiers à cidre du Saosnois, les amoureux de balades et fervents de la randonnée disposent d'un réseau de plusieurs milliers de kilomètres de chemins balisés pour découvrir la Sarthe en toute intimité.

La Sarthe décline des paysages de toute beauté :
Les splendides forêt domaniales de Perseigne, Bercé et Sillé-le-Guillaume (14000 hectares au total parsemés de sentiers forestiers).
Les plans d'eau et les rivières : la Sarthe, le Loir, l'Huisne... 4000 kilomètres de cours d'eau.

Les Alpes mancelles, site naturel classé au cœur du Parc naturel régional Normandie-Maine. Le nom de ce site fait évidemment référence au relief alpestre qui le caractérise. Les Alpes mancelles surprendront le visiteur par la beauté de ses reliefs escarpés, rocailles et éboulis entre les monts de Narbonne (203 m) et du Haut-Fourché (217 m), collines avec une flore proche de la flore alpine. Au cœur des Alpes mancelles, l'adorable village de Saint-Léonard-des-Bois, départ de nombreux circuits de randonnées, saura vous charmer par ses atouts naturels.
Un grand bol d'oxygène en perspective !

Plus d'informations sur www.sarthe.com

Du côté de la Venise de l'Ouest

D oté d'un porche du XIᵉ siècle unique en Sarthe, Saint-Aubin-des-Coudrais et son église à voûte de bois est un fleuron de l'art roman. Non loin de là, à La Ferté-Bernard, l'Huisne guide les randonneurs à travers le cœur historique de la ville, serpentant près du château médiéval, de la chapelle Saint-Lyphard et de l'église Notre-Dame-des-Marais, joyau du gothique flamboyant. La « Venise de l'Ouest » recèle bien d'autres curiosités avec ses cours anciennes dérobées, ses maisons à pans de bois sculptés, l'étonnante halle aux toiles et aux grains... et la fontaine Hoyau (XVIIᵉ). En effet, les bas reliefs de chêne d'une ancienne auberge y attestent que le voyageur pouvait trouver en ce lieu accueillant : gîte, couvert et amours tarifées...

Porche de l'église (XIᵉ).
Photo J.Ra.

A l'assaut des collines du Rosay

3 h 15
13 km

172 m
91 m — 170 m

Aux confins des collines du Perche, découvrez Saint-Aubin-des-Coudrais construit dans un vallon herbeux au creux duquel serpentent le Rosay et le Montretaux, deux ruisseaux bien connus des pêcheurs.

Situation Saint-Aubain-des-Coudrais, à 8 km à l'ouest de La Ferté-Bernard par la D 7

Parking place de l'Eglise

Balisage
❶ à ❷ blanc-rouge
❷ à ❼ jaune
❼ à ❶ blanc-rouge

Ne pas oublier

❶ De la place de l'Eglise, suivre à gauche la rue de la Mairie *(direction Bonnétable)*, puis la D 178 en direction de Nogent-le-Bernard. A la fourche, suivre la voie de gauche, longer le cimetière puis tourner à gauche pour franchir Le Rosay et atteindre Le Gué-de-l'Aunay. Emprunter la route à droite jusqu'à La Croix-du-Cormier.

❷ Partir à gauche, puis monter à droite par le chemin creux du Cormier jusqu'au Bois-Gars.

❸ Virer à gauche pour pénétrer en sous-bois, puis descendre pour prendre la D 7 à gauche sur 100 m. S'engager sur le premier chemin à droite, passer droit devant La Petite-Fosse-Abrannière et gagner Le Carrefour.

❹ Tourner à gauche en angle aigu, traverser les bois, puis prendre le chemin à gauche. Descendre par le chemin de La Contessière, croiser celui de La Grande-Bausserie et continuer en face sur 350 m. Virer à droite puis à gauche dans un chemin herbeux. Couper la première route, puis emprunter la deuxième route à gauche. Passer La Bellangère. Au carrefour des Grosses-Pierres, franchir la D 178, poursuivre tout droit sur 500 m et atteindre une intersection.

▶ Variante *(circuit de 12 km)* : tourner à gauche, passer La Petite-Chauvelière et descendre dans le vallon.

❺ A l'intersection, continuer tout droit, passer la ferme et suivre à droite le chemin en zigzag sur 500 m jusqu'à La Transonnière. Tourner à gauche et, aux Maisons-Neuves, virer de nouveau à gauche pour longer le vallon sur 600 m.

❻ Tourner à droite, passer Blot, franchir le Rosay et atteindre la D 7 *(prudence)*. Monter en face le sentier des Lèveries, puis suivre la route à gauche jusqu'au croisement de La Martizière.

❼ Virer à gauche pour descendre tranquillement à Saint-Aubin-des-Coudrais.

À voir

En chemin

■ Saint-Aubain-des-Coudrais : église XIe, manoir de la Grande-Beausserie XVe
■ vallon du Rosay

Dans la région

■ Beillé : Transvap (excursion en train à vapeur ou autorail ancien) ■ Prévelles : maison du Potier ■ Saint-Georges-du-Rosay : église fortifiée XIe ■ Tuffé : les Tufféries (spectacles pyrotechniques) en août ■ Sceaux-sur-Huisne : musée Bahier « Au Pays des Rillettes » ■ La Ferté-Bernard : vieille ville, église XVe, porte Saint-Julien XVe, halles XVe, festival ARTEC de robotique en mai

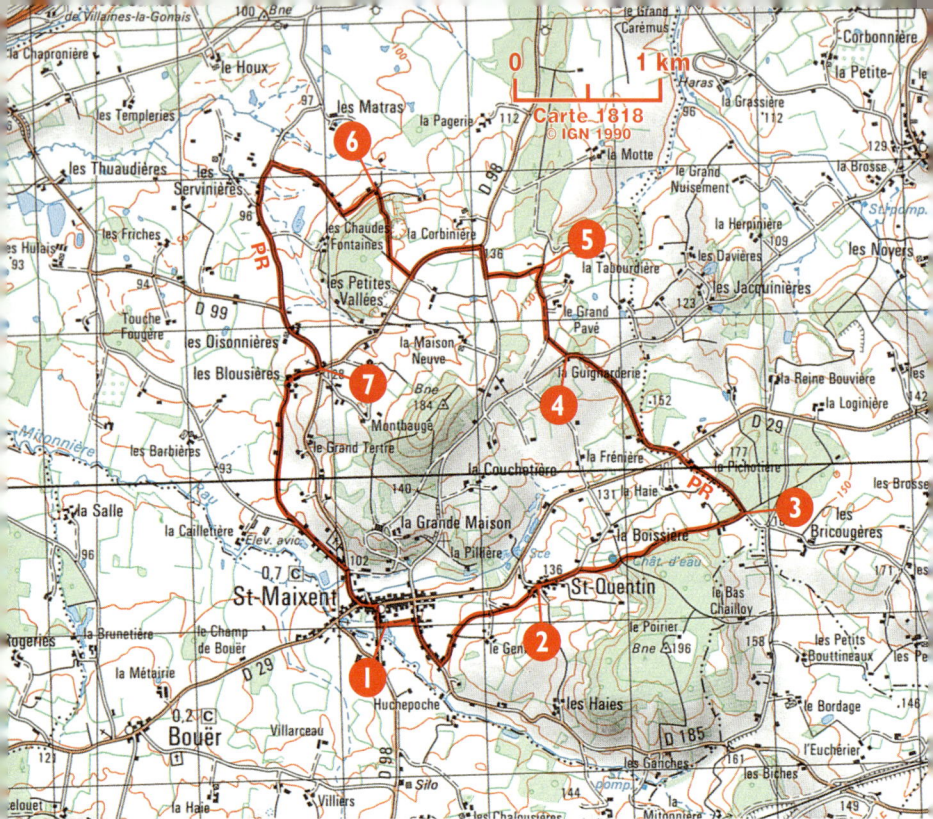

A l'ombre du bienfaiteur

Lavoir (XIXe) de la ferme du Logis. *Photo J.Ra.*

Gambetta, président du Conseil Général et sénateur. Il résidait au chalet d'Huchepoche et fut l'initiateur de l'implantation du bureau de poste et du corps de sapeurs-pompiers. La commune reconnaissante fit apposer vers 1960 une plaque commémorative à la mairie en l'honneur de ce grand personnage local. Outre le lavoir monumental et la curieuse ferme du Logis, le randonneur remarquera également la maison du peintre, compositeur et poète Tristan Klingsor. De son vrai nom Léon Leclère, il habita au 30 rue de la Chapelle et écrivit en 1945 son roman intitulé La Maison d'Aloysius.

Georges Le Chevallier reste inconnu pour bien des sarthois. Il fut pourtant, au début du siècle dernier, avocat, maire de Saint-Maixent, préfet nommé par

Autour de la butte de Montbauge

3 h • 12 km

170 m
96 m — 135 m

Situation Saint-Maixent, à 12 km au sud de La Ferté-Bernard par la D 98

Parking plan d'eau du Logis, au sud du village

Balisage jaune (repères V 3 et V 5)

Aux confins du Perche, là où le bassin de l'Huisne commence à s'étaler, les buttes succèdent aux collines. Ainsi se trouve Saint-Maixent, enchâssé au milieu de ses pentes boisées et de ses ruisseaux.

① Du panneau, traverser le pré situé derrière le lavoir, puis suivre la D 185 à droite jusqu'à la sortie du village. Prendre le chemin de Grand-Champ à gauche, croiser le chemin de La Genneteil et poursuivre tout droit jusqu'à Saint-Quentin.

② Traverser le hameau et continuer droit devant sur 300 m. Dans le virage de L'Erable, monter à droite un chemin sablonneux. Passer tout droit le croisement du château d'eau *(panorama)* et poursuivre en lisière du bois *(balisage V3)*. Passer La Caminette et parvenir à un croisement.

③ Prendre le chemin à gauche, passer La Roncière, traverser la D 29 et continuer en face par le chemin de La Charmoie. Suivre la route à gauche sur 50 m.

④ S'engager à droite dans un chemin herbeux. A Mannerly, emprunter à droite le chemin des Mésières sur 250 m puis, dans le virage, prendre à gauche le sentier bordé de haies.

⑤ Tourner de nouveau à gauche. Suivre la route à droite, puis la D 98 à gauche jusqu'au carrefour des Sablons. Partir à droite puis obliquer à droite *(balisage V5)* pour descendre aux ruines des Hautes-Reinières *(balisage V5)*.

⑥ Suivre le chemin de terre à gauche, descendre à droite, passer Les Marais et continuer par le chemin empierré *(vue sur le manoir des Chaudes Fontaines)*. Prendre la route à gauche sur 1 km, puis la D 99 à gauche.

⑦ Au carrefour de Saint-Marc *(croix)*, tourner à droite, passer Les Blousières puis Le Petit-Tertre. Au Bouleau, continuer par la route à gauche. Passer La Cantinière puis La Croix pour emprunter la D 98 à droite, puis la D 29 à gauche jusqu'à l'église. Se diriger à droite pour rejoindre le parking du plan d'eau.

À voir

En chemin

■ Saint-Maixent : lavoir monumental XIXe et four à pain XIXe du Logis, point de vue sur le manoir des Chaudes Fontaines, croix du carrefour Saint-Marc, église XIe
■ panorama

Dans la région

■ La Ferté-Bernard : vieille ville, église XVe, porte Saint-Julien XVe, halles XVe et festival
■ Montmirail : église XIIe, château XIVe ■ Sceaux-sur-Huisne : musée Bahier « Au Pays des Rillettes »
■ Vibraye : forêts, chapelle Saint-Anne XVIIe, église XVIe
■ Dollon : musée de la musique mécanique
■ Saumur-en-Vallon : muséotrain ■ Lavaré : spectacle son et lumière sur la Révolution française en juillet

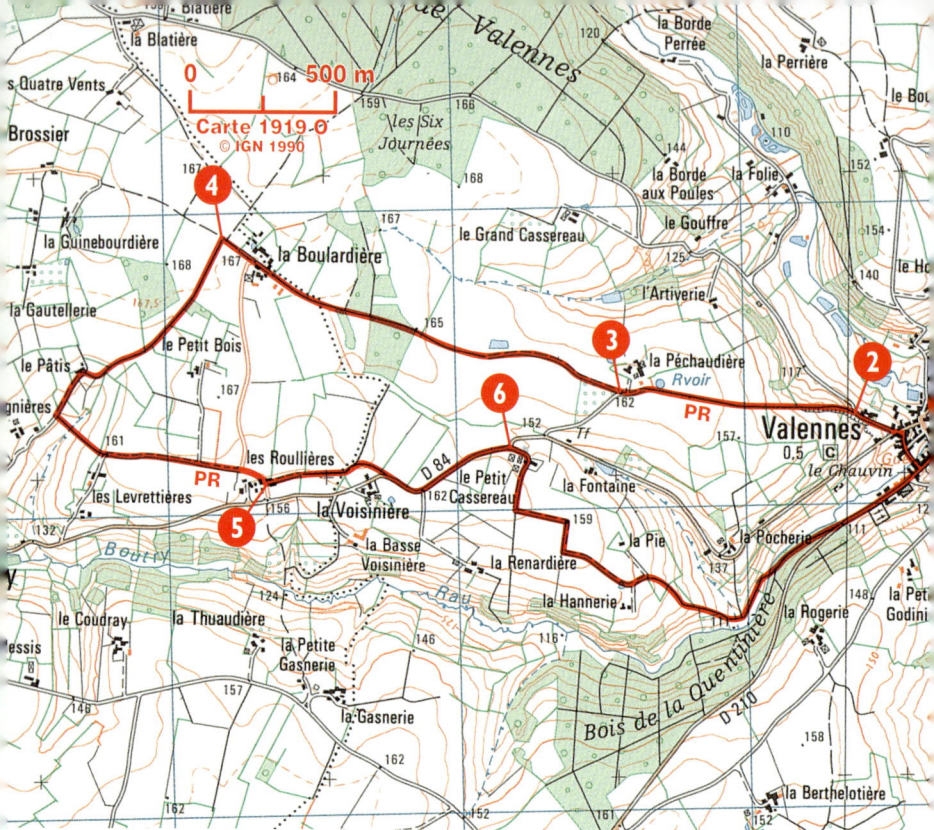

« Rue du Cul de l'oison »

Village au caractère médiéval, Valennes possède une impasse baptisée « Cœur de l'oison ». A l'origine, celle-ci était le point de départ de la route de Berfay vers Sémur-en-Vallon, puis Dollon par laquelle les éleveurs conduisaient leurs volailles à pied jusqu'au Mans. Au milieu du XIXe siècle, chaque année avant l'hiver, les marchands manceaux venaient acheter aux paysans du canton les oies destinées à la cuisine anglaise. Compte tenu de la rentabilité du marché, ces paysans n'en mangeaient jamais : ils les voyaient donc partir en disant « Que l'oi- son, on n'en voyait que le cul », d'où le nom de la rue du Cul de l'oison que l'on a transformé en Cœur au début du XXe siècle… beaucoup plus séduisant quand on en connaît l'histoire.

Passage à gué.
Photo J.Ra.

122

La vallée du Boutry

2 h 30
7,5 km

168 m
110 m / 80 m

Situation Valennes, à 55 km à l'est du Mans par les N 23, D 302 et D 84

Parking place du village (près de l'église)

Balisage vert

C'est par une longue montée qu'il faut quitter Valennes. Un village typique, caché au creux de deux vallées, aux habitations souvent très anciennes à l'image du presbytère du XVIᵉ siècle.

Truite fario. *Dessin P.R.*

❶ De la place de l'Eglise, suivre la rue de l'Eglise à gauche sur 100 m, puis la ruelle des Sabotiers à droite et franchir le Boutry. Emprunter la D 84 à gauche jusqu'au calvaire, puis monter à droite par la route de la Blatière.

❷ A la fourche des Murs, monter par le chemin creux à gauche, passer le réservoir et atteindre l'intersection de La Péchaudière.

❸ Emprunter le chemin bordé de haies à droite jusqu'à La Boulardière, traverser le hameau et poursuivre sur 150 m.

❹ Au croisement, descendre par le chemin caillouteux à gauche, passer Le Pâtis et continuer sur 150 m. Tourner à gauche, franchir le vallon, poursuivre tout droit par le chemin empierré des Levrettières puis celui du Petit-Bois pour parvenir aux Roullières.

❺ Au centre du hameau, prendre le chemin herbeux à gauche sur 300 m. Poursuivre par la D 84 à gauche sur 500 m jusqu'au Petit-Cassereau.

❻ S'engager à droite sur le chemin empierré. Il traverse la ferme, zigzague et mène à La Pie. Descendre à droite dans le vallon du Boutry, puis longer à gauche le ruisseau et la bordure des bois de La Quentinière. Emprunter la D 210 à gauche pour revenir sur la place de l'Eglise.

À voir

En chemin

■ Valennes : la Pierre qui Suinte, église XIᵉ (bénitier à deux vasques et verrières de l'abside XIXᵉ), moulin de Courgady XVIIᵉ, maisons anciennes XVIᵉ et XIXᵉ, lavoir, grange, et remise en pans de bois XIXᵉ

Dans la région

■ Bouloire : chapelle XVIIᵉ, château XVᵉ, « Estival » en juin ■ Coudrecieux : église XIᵉ ■ Saint-Calais : église XVᵉ, maisons anciennes et lavoir du quai de l'Anille, halles XIXᵉ; hôtel de ville, musée (mosaïque gallo-romaine), festival « Soir au village » en juillet ■ Vibraye : forêt, chapelle Saint-Anne XVIIᵉ, église XVIᵉ ■ Dollon : musée de la musique mécanique ■ Lavaré : spectacle son et lumière sur la Révolution française en juillet ■ Semuren-Vallon : muséotrain

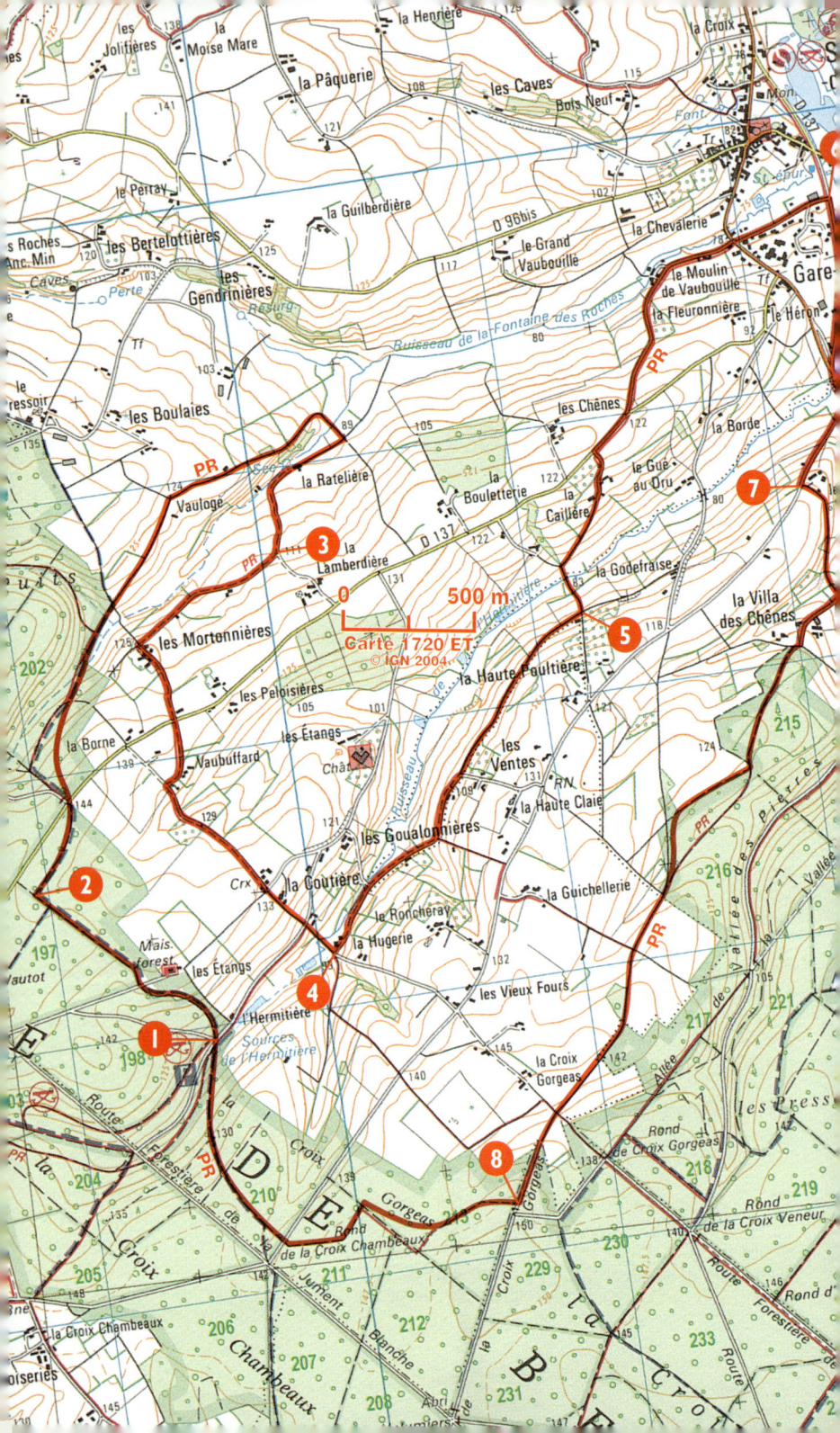

les Jolifières
la Moise Mare
la Henrière
la Croix
la Pâquerie
les Caves
Bois Neuf
le Perray
la Guilberdière
O 96bis
le Grand Vaubouillé
la Chevalerie
les Roches
Anc. Min
les Bertelottières
les Gendrinières
Perte
Résurg
Caves
Tf
Ruisseau de la Fontaine des Roches
le Moulin de Vaubouillé
la Fleuronnière
le Héron
GARE
St Sépur.
Mon. D 13?
Font
Tr
les Chênes
la Borde
PR
le ressoir
les Boulaies
PR
Vauloge
la Ratelière
la Lamberdière
D 137
la Bouletterie
la Caillère
le Gué au Dru
le Gué
au Dru
la Godefraise
la Villa des Chênes
3
7
0   500 m
Carte 1720 ET
© IGN 2004
5
la Haute Poultière
les Mortennières
la Borne
les Peloisières
les Étangs
Vaubuffard
Châ.
la Haute Claie
les Ventes
RN
les Goualonnières
2
Mais. forest.
les Étangs
Crx
la Coutière
le Roncheray
la Hugerie
la Guichellerie
les Vieux Fours
PR
4
l'Hermitière
Sources de l'Hermitière
la Croix Gorgeas
8
PR
Croix
Forestière
Rond de la Croix Chambeaux
Gorgeas
Rond de la Croix Veneur
Route Forestière
la Croix Chambeaux
Jument Blanche
Chambeaux
Abri

Les Trois Vallées

4 h
16 km

147 m
75 m 270 m

Entre forêt de Bercé et rives de la Veuve, affluent du Loir, Saint-Vincent se niche au pied des coteaux où apparaissent les premiers vignobles, dans le cadre naturel de l'étang de la Prée qui s'étend sur quatre hectares.

Situation Saint-Vincent-du-Lorouër, à 45 km au sud-est du Mans par la D 304

P **Parking** sources de l'Hermitière, à 4 km au sud-ouest du bourg.

Balisage bleu

❶ Du poteau, monter par la route à droite sur 50 m, puis par le sentier à droite. Couper la route et poursuivre en face par l'allée forestière sur 500 m.

❷ Tourner à droite, traverser la D 137 et prendre en face le chemin forestier qui part à droite. Longer la lisière à gauche, passer le croisement et poursuivre jusqu'à Vaulogé *(ruines)*. Descendre à droite, franchir le ru, puis emprunter à droite le chemin de La Ratelière.

❸ Au croisement, tourner à droite pour monter le chemin des Mortonnières, traverser la D 137, gagner Vaubuffard puis virer à gauche. Au calvaire, descendre en face le chemin herbeux de La Courtière et franchir le ruisseau de l'Hermitière.

❹ Virer à gauche le long du vallon, passer le chemin des Goualonnières et, à l'intersection, suivre le chemin à gauche sur 1 km jusqu'à un croisement.

❺ Descendre à gauche, franchir l'Hermitière et bifurquer à droite. Emprunter la D 137 à droite sur 200 m, partir à gauche, passer le moulin de Vaubouillé et couper la D 304. Prendre en face la rue de La Garechenne sur 400 m.

❻ Suivre la route à droite, couper la D 304, franchir le pont de l'aire de repos, puis monter à droite jusqu'au Vieux-Moulin.

❼ Tourner à gauche pour descendre à La Vallée-des-Pierres puis virer à droite. Après La Villa-des-Chênes, continuer droit devant pour entrer dans la forêt. A la fourche, suivre la voie de droite le long de la lisière puis tourner à gauche jusqu'à la sortie des bois. Poursuivre par le chemin en face sur 1 km, puis par la route forestière de la Croix-Gorgeas sur 150 m.

❽ S'engager dans un layon à droite, traverser la ligne forestière puis la route et continuer par le sentier en face pour revenir aux sources de L'Hermitière.

À voir

En chemin

■ sources de l'Hermitière
■ forêt de Bercé

Dans la région

■ Saint-Vincent-du-Lorouër : église XIe, château des Etangs l'Archevêque XVIe ■ Le Grand-Lucé : château XVIIIe, moulin de La Bulassière XVe ■ Pruillé-l'Eguillé : église XIe, jardin extraordinaire de la Maltière ■ Montreuil-le-Henri : église XIe ■ Saint-Georges-de-la-Couée : chapelle Saint-Fraimbault XIe, église XIe ■ Courdemanche : église XIIe, presbytère XVIIIe, manoirde Beauregard XVIe

La fable du lard et de la vigne

Dans la vallée du Loir et à Saint-Vincent-du-Lorouër, le vignoble est en fête quand vient le temps d'élire le Président de la Frairie de la Saint-Vincent. Si certains affirment que les Bourguignons en firent le saint patron des vignerons, ce saint est le prétexte à festoyer à la mi-janvier autour d'un banquet bien arrosé. Parmi tout un éventail de mets régionaux, les rillettes sont en bonne place. Si la recette est trop longue pour être décrite ici, sachez seulement que le chiffre d'af-faire de la « rille » sarthoise tourne autour des 150 millions d'euros. Plus de 1000 personnes sont employées à sa fabrication et 60% des rillettes de France sont produites en Sarthe. Sa composition peut varier d'un fabricant à l'autre mais les rillettes artisanales demandent au minimum 12 heures de préparation. Le lendemain, vous pourrez les goûter accompagnées d'un cidre bouché demi-sec ou d'un vin blanc en dégustant quelques beignets frits dans le saindoux.

Rillettes. Photo Société Bahier, musée "Au pays des rillettes"

Jasnières... le velours de l'estomac

Le Jasnières est toujours un vin blanc issu d'un seul cépage : le chenin ou pineau blanc. Produit sur les communes de Lhomme et de Ruillé, ses côteaux sont exposés plein sud dans une argile à silex qui lui donne ce goût de pierre à fusil très apprécié

Vendanges. Photo Agence Vallée du Loir.

des connaisseurs. Normalement sec, le Jasnières peut s'arrondir avec le temps et le goûteur averti lui accordera une note légèrement moelleuse. S'il faut oublier 1960 qui de mémoire de viticulteur fut une horrible piquette, les cuvées 1893, 1921, 1933, 1947, 1964 et 1969 dorment encore dans certaines caves dans l'attente d'une dégustation confidentielle. Preuve que ce vin vieillit bien ! Pour l'apprécier, on le boira à l'apéritif sans rien y ajouter. Il sera parfait avec tout ce qui est issu de la mer. Il accompagnera certains fromages de chèvre ainsi que les fromages à pâte pressée non cuite tels que le morbier et le reblochon. Moelleux et servi à 10°C, il tiendra tête au Sauternes pour peu qu'un délicieux foie gras s'invite à votre table.

Photo Agence Vallée du Loir.

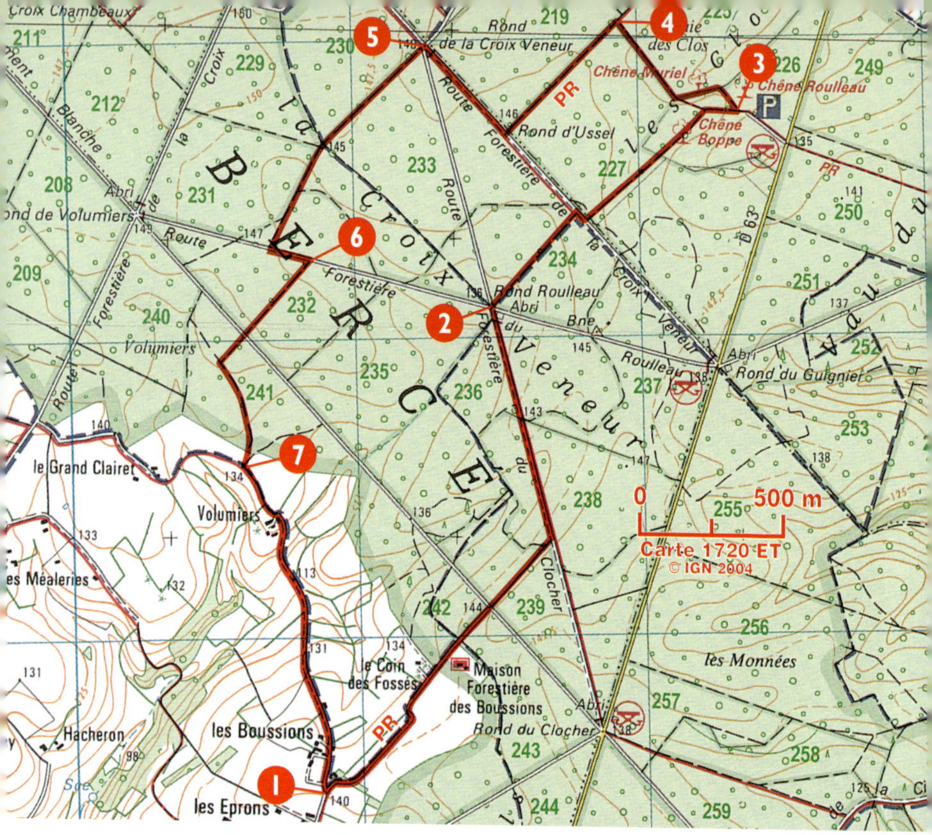

Croix Chambeaux
Rond de la Croix Veneur
Chêne Muriel
Chêne Roulleau
Chêne Boppe
Rond d'Ussel
Route Forestière de la Croix Veneur
Rond de Volumiers
Route Forestière
Abri
Rond Roulleau
Rond du Guignier
BERCÉ
PR
le Grand Clairet
Volumiers
les Méaleries
le Coin des Fossés
Maison Forestière des Boussions
Rond du Clocher
les Boussions
Hacheron
les Eprons
les Monnées
D 63
0
500 m
Carte 1720 ET
© IGN 2004
1
2
3
4
5
6
7

La cathédrale des merveilles

Le Chêne Boppe. *Photo J.Ra.*

Le Dinan prend sa source en forêt de Bercé, à côté de la fontaine de la Coudre. Jean Bernadac, auteur de l'ouvrage Le Loir : rivière des muses, évoque Bercé comme « la cathédrale des merveilles », et la décrit ainsi : « cette forêt-là, il faut s'y plonger comme dans un bain d'eau fraîche. Il fait bon marcher dans les sentiers sous les bois épais. Il est plaisant aussi de s'allonger sur la mousse et de goûter les longs silences. Les grandes voûtes vertes qui se déploient au sommet des colonnes gigantesques laissent parfois couler un chant d'oiseau, pur comme une âme d'enfant. Le vieux chêne Boppe est mort ; un autre le remplace et beaucoup d'autres lui font escorte. Cela nous donne de merveilleux géants dignes du crayon de Gustave Doré ».

Le chêne Boppe

Au sud-est de la forêt domaniale de Bercé, ce circuit sillonne les majestueuses futaies de chênes d'un des plus beaux massifs forestiers d'Europe, héritier des traditions sylvicoles du XVe siècle.

2 h 30
8 km

147 m
113 m / 70 m

Situation forêt de Bercé, à 10 km au nord-est de Château-du-Loir par la D 63

Parking hameau du Buisson, à 1 km au sud-ouest du rond du Clocher

Balisage jaune (repère T 4)

Ne pas oublier

❶ Du panneau des Boussions, suivre le chemin empierré à droite, passer la maison forestière des Boussions et entrer dans la forêt domaniale de Bercé. Traverser la première route forestière, puis emprunter la route forestière du Clocher à gauche.

❷ Au carrefour du Rond-Roulleau, prendre la deuxième allée à droite, puis la route forestière de la Croix-Veneur à droite sur 100 m. Tourner à gauche entre les parcelles n° 227 et 228. Dépasser le chêne Boppe, virer à droite et parvenir au parking du Chêne de La Roussière.

❸ Longer le parking à gauche, tourner deux fois à gauche et longer la futaie des Clos.

❹ Au croisement (parcelle n° 227), virer à gauche. Emprunter la route forestière de la Croix-Veneur à droite pour atteindre le rond de la Croix-Veneur.

❺ Suivre le deuxième chemin à gauche entre les parcelles n° 230 et 233. Traverser la piste cavalière et, à la fourche, prendre la voie de gauche. Emprunter la route forestière du Roulleau à gauche sur 100 m.

❻ Partir à droite à travers la parcelle n° 232, traverser la route et poursuivre en face par le chemin forestier. Emprunter le sentier d'exploitation à gauche et sortir de la forêt.

❼ Suivre à gauche le chemin des Vaulumiers et remonter au hameau des Boussions.

Faisan. *Dessin P.R.*

À voir

En chemin

■ chêne Boppe, chêne de La Roussière ■ sylviculture du chêne

Dans la région

■ Chahaignes : caves Pichon (maison troglodytique), menhir de Gobiane, château de Bénéhard XVIe (pressoir XVe et jardins), église XVIIIe ■ Flée : chapelle XIIe, offices chantés en grégorien au prieuré bénédictin ■ Jupilles : église XIe, verger-conservatoire, atelier Bidule (jouets et objets en bois), musée du Sabot, du Bois et de la Forêt ■ Beaumont-Pied-de-Bœuf : menhir du Perray, église XIIe, atelier Croq'lune (peintures, fresques ...) ■ Lhomme : musée de la Vigne, musée « A l'Homme volant », dolmen de Mauperthuis, panorama « Mon Idée »

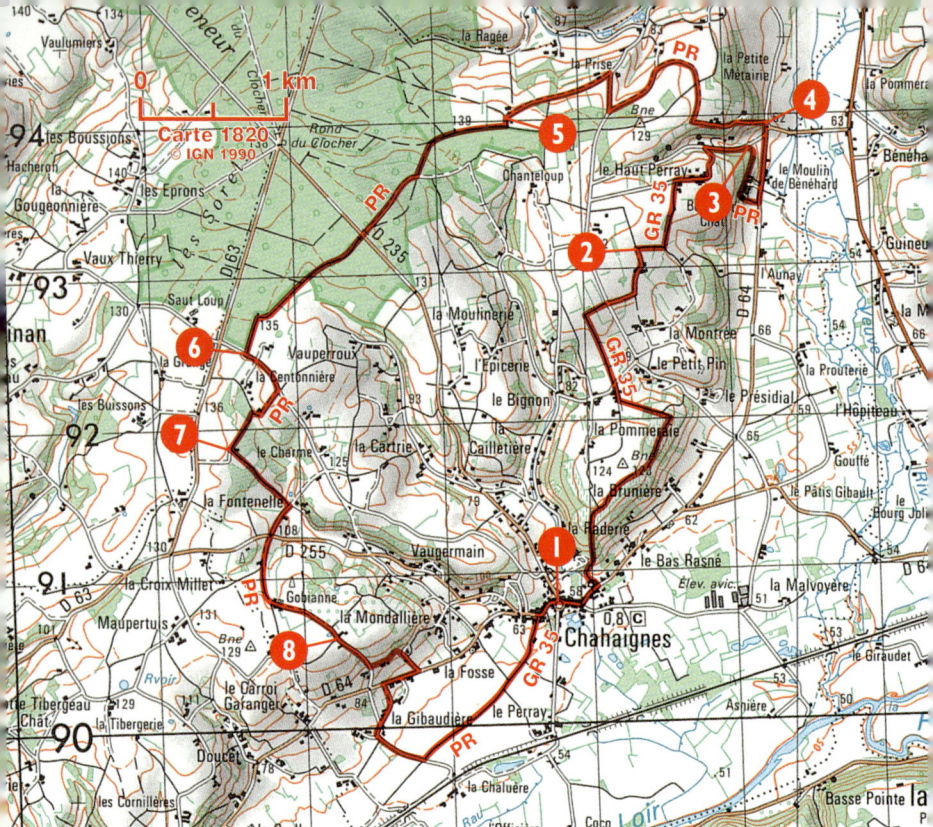

Quand art rime avec cave !

Les caves de la vallée du Loir sont creusées dans le tuffeau, roche tendre qui permet une excellente conservation. Certains propriétaires rivalisent même pour l'aménagement de leurs caviers (cours communes où débouchent plusieurs caves) et de leurs caves qui valent une petite fortune quand elles sont accessibles et bien équipées : caveau, cheminée, eau courante, électricité… Quelques viticulteurs à l'étroit allongent leur caveau de 2 m tous les ans pour y ajouter huit casiers de trois cents bouteilles. A Chahaignes, des cheminées, ou puits, descendent directe-

ment de la vigne dans le pressoir. Le château de Bénéhard vous en fera découvrir un, monumental, de 8 m de long et vieux de quatre siècles, dit de type romain à vis latérale.

Pressoir (XVe) du château.
Photo J.Ra.

De vignes en caves

Blottis au pied du massif de Bercé, ces coteaux offrent de larges ouvertures sur les vallées du Loir et de la Veuve.

Jacinthe sauvage.
Dessin N.L.

❶ De l'église, descendre à droite la rue Saint-Blaise. A La Coquellerie, tourner à gauche pour gravir le coteau à gauche et parcourir à droite le chemin de vignes. Monter à gauche, prendre le chemin de La Pommeraie à droite et, au carrefour, continuer par un sentier en face. Traverser la route, poursuivre en face par le chemin de La Montrée puis par un sentier herbeux.

❷ Tourner à droite puis à gauche. Prendre la route à droite et, après le hameau, descendre à gauche jusqu'à la route. La suivre à droite.

❸ 40 m avant le panneau Cédez le passage, tourner à droite dans les sous-bois *(propriété privée)* du château de Bénéhard. Virer à gauche, puis suivre la D 64 à gauche jusqu'au carrefour.

❹ Continuer en face puis grimper à gauche jusqu'à Chien-Caille. Prolonger par un long chemin caillouteux qui vire à droite puis à gauche. Suivre la route à droite, tourner à gauche par La Prise et atteindre La Violetterie.

❺ Tourner à gauche, puis longer la lisière du bois à droite et gagner un croisement (parcelle n° 256). Prendre la deuxième voie à gauche, puis virer à droite. Traverser la D 235 pour sortir de la forêt puis longer sa lisière.

❻ Emprunter la route à gauche sur 300 m. Partir à droite, passer Le Vau-du-Chat et gagner La Corvinière.

❼ Tourner à gauche puis à droite, traverser la D 255 et monter en face jusqu'à Gobiane. A la fourche, bifurquer à gauche *(menhir)* pour rejoindre L'Hêtre des Chartiers.

❽ Descendre tout droit sur 300 m puis s'engager dans un sentier herbeux à gauche pour parvenir aux caves Pichon. Descendre à droite pour suivre la D 64 à droite sur 250 m. Tourner à gauche, passer La Gibaudière et, à La Villatte, suivre la route à gauche. Emprunter le long chemin de terre à gauche, puis la D 64 à droite pour regagner le centre du village.

4 h 15 — 17 km

137 m / 235 m · 57 m

Situation Chahaignes, à 11 km au nord-ouest de La Chartre-sur-le-Loir par les D 304, D 64 bis et D 64

Parking place de l'Eglise

Balisage
❶ à ❸ blanc-rouge
❸ à ❽ vert
❽ à ❶ vert puis blanc-rouge

Ne pas oublier

À voir

En chemin

■ Chahaignes : église XVIIIe, château de Bénéhard XVIe (pressoir XVe et jardins), menhir de Gobiane, caves Pichon (maison troglodytique)

Dans la région

■ Flée : chapelle Sainte-Cécile XIIe, offices chantés en grégorien au prieuré bénédictin ■ Lhomme : musée de la Vigne, musée « A l'Homme volant », dolmen de Mauperthuis, panorama « Mon Idée » ■ La Chartre-sur-le-Loir : église XIXe (vitraux XIXe), atelier du Lérot (céramique et peintures), les « dimanches du Loir » en mai-juin ■ Poncé-sur-le-Loir : musée de la Vie rurale, château XVIe (dépendances et jardins), église XIe, les ateliers (poterie, fer, céramique, bois…) du moulin Paillard XVIIIe et verrerie d'art de M. Torcheux

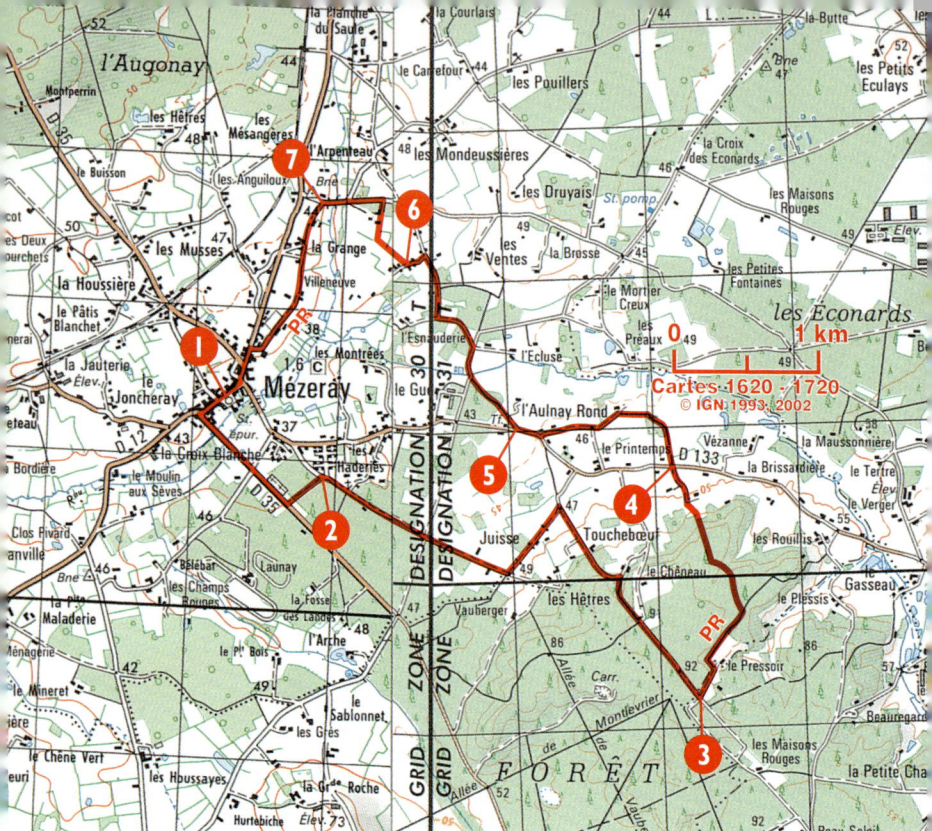

Terre des potiers

Mézeray, dont l'origine latine signifie mur d'argile, porte bien son nom. La tradition de la poterie y est en effet évoquée depuis le Moyen Age avec le four de Jehan Arcanger à la maison du Four à Pots. En 1944, André Chaudemanche installe son atelier au café de la Gare. Formé à la poterie Drouard de Foulletourte, il est remarqué pour ses poteries utilitaires et ses pièces décoratives tournées ou moulées. Si son atelier conçu en longueur et un four de 10 m³ lui permettent la réalisation rapide de ses pièces, ce sont ses émaux de couleurs variées, dits émaux flammés, appliqués avec un imagination fertile sur le biscuit, qui constitueront le style Chaudemanche. La fabrique, tenue par ses descendants, tournera des pièces jusqu'en janvier 1970.

Pichet. Réalisation André Chaudemanche / René Brière.
Photo © Racines et Patrimoine / Frantz Vovard

La futaie de Mézeray

Petite commune rurale, Mézeray bénéficie d'un patrimoine naturel riche. Son bocage et l'alternance des zones boisées, des parcelles cultivées et des prairies font le charme de cette campagne reposante.

Phasme.
Dessin P.R.

3 h
12 km

92 m
37 m — 70 m

Situation Mézeray, à 25 km au sud-ouest du Mans par les D 23 et D 12

P **Parking** place de l'Eglise

Balisage jaune

Ne pas oublier

❶ De la place de l'Eglise, suivre la D 12 en direction de La Flèche, puis la D 35 à gauche. Passer le lavoir sur La Vézanne, longer le cimetière puis emprunter le chemin à gauche.

❷ Au croisement, suivre le chemin à droite sur 1 km. Peu après Juisse, s'engager sur l'allée à gauche, puis tourner à droite par Touchebœuf pour pénétrer dans la forêt de Courcelles. A l'intersection, monter à droite par un chemin creux, passer la croix du Chêneau et poursuivre droit devant par l'allée forestière jusqu'à une clairière.

❸ La longer à gauche. Au Pressoir, virer à gauche puis à droite jusqu'à La Reine-des-Cœurs. Peu après, tourner à gauche, puis quitter la forêt pour atteindre la D 133.

❹ Continuer par le chemin en face, passer La Maigre-Ferrière et atteindre L'Aunay-Rond. Suivre la D 133 à droite sur 150 m jusqu'à une fourche.

❺ Prendre la voie de droite, puis la petite route à droite pour franchir le pont sur La Vézanne. Au carrefour, tourner à gauche puis à droite par La Fouquetière. Peu après Les Ventes, partir à gauche pour rejoindre le carrefour de Rouillon.

❻ Tourner à droite, passer La Chaussée, puis suivre la route à gauche sur 250 m. Franchir le pont et à gauche atteindre une fourche.

❼ Emprunter la voie de gauche, passer La Grange, Le Gasseau, Villeneuve et La Boutevinerie. Poursuivre par la D 12 à gauche pour revenir au centre du village.

À voir

En chemin

■ ancienne poterie Chaudemanche XXe, Société de Boule de Fort ■ forêt de Courcelles

Dans la région

■ Mézeray : manoir des Mézangères XVIe, croix Rouge XIXe ■ Suze-sur-Sarthe : église XIIe, parc de la mairie, printemps poétique en mai ■ Malicorne-sur-Sarthe : château XVIIIe, église XIe, croix Serpette XVe, l'espace faïence, musée Tessier et la faïencerie d'Art, musée des Poupées d'antan, fête de la Poterie en septembre ■ La Fontaine-Saint-Martin : église XIIe, musée des Arts et des Traditions populaires ■ Cerans-Foulletourte : dolmen de Bruon, église Notre-Dame-de-Cérans XIIIe, église Notre-Dame-de-Foulletourte XVe, monument Buckmaster XXe

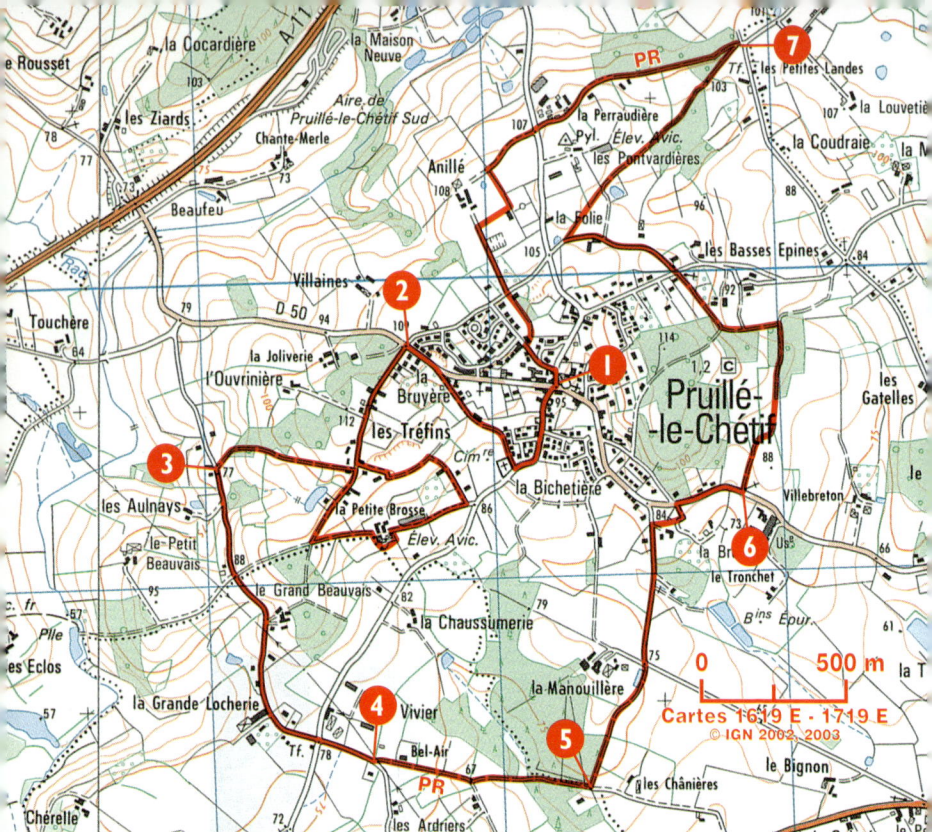

The map shows the area around Pruillé-le-Chétif with marked route points 1 through 7.

Map labels include:
- e Rousset
- la Cocardière
- la Maison Neuve
- PR
- les Petites Landes
- la Louvetiè
- les Ziards
- Aire de Pruillé-le-Chétif Sud
- Chante-Merle
- la Perraudière
- Pyl. Élev. Avic.
- la Coudraie
- Anillé
- les Pontvardières
- Beaufeu
- la Folie
- Villaines
- les Basses Epines
- Touchère
- D 50
- la Joliverie
- l'Ouvrière
- la Bruyère
- Pruillé-le-Chétif
- les Gatelles
- les Tréfins
- Cim.re
- la Bichetière
- les Aulnays
- la Petite Brosse
- Élev. Avic.
- Villebreton
- le Petit Beauvais
- la Br
- le Grand Beauvais
- le Tronchet
- la Chaussumerie
- B.ins Épur.
- Plle
- les Eclos
- la Grande Locherie
- la Manouillère
- Vivier
- Bel-Air
- les Chânières
- le Bignon
- Chérelle
- les Ardriers
- PR

0 — 500 m

Cartes 1619 E - 1719 E
© IGN 2002, 2003

Le monde du silence...

L es chemins creux de Pruillé-le-Chétif sont les premiers en Sarthe à avoir été réhabilités pour le plus grand plaisir des randonneurs. Les sentiers du bocage permettent de retrouver la marche et la lenteur du pas, goûter les paysages et rencontrer les gens. Le bocage sarthois est constitué de champs et de prairies de formes irrégulières entourées par des haies retenant la terre et délimitant les parcelles et par des chemins creux assurant leur drainage. Cette géographie du bocage a peu varié depuis l'âge du fer. C'est un monde de silence et de secret propice à la réflexion. A deux pas de la ville, on y voit aussi une carrière d'où fut extraite

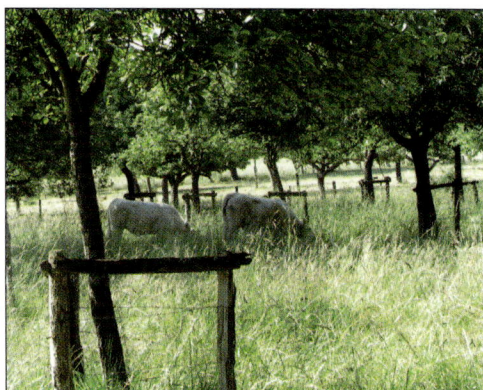

Dans le bocage. *Photo J.Ra.*

dans les années 1800 la marne servant à amender les terres sableuses des communes environnantes.

Bocage et marnière

Abeille sur feuille
de tilleul.
Dessin P.R.

3 h
10,5 km

112 m
65 m △ 30 m

Situation Pruillé-le-Chétif, à 7 km à l'ouest du Mans par les D 309 et D 50

Parking place de l'Eglise

Balisage jaune

À voir

En chemin

■ Eglise (XIᵉ) : statues de saint Pierre et de sainte Barbe (XVIIIᵉ), vitrail de la Vierge à l'Enfant (XIXᵉ) ■ cormier près de Champfleuy ■ éolienne Bollée (1894) de E. Le Bert au Tertre ■ sentier botanique

Dans la région

■ Allonnes : site archéologique gallo-romain ■ Coulans-sur-Gée : Damada Festival en juin et juillet, festival Charnie Champagne en juillet ■ Spay : jardin des Oiseaux ■ Le Mans : cité Plantagenêt, thermes et enceinte romaine, cathédrale Saint-Julien XIᵉ, maison de l'Eau, musée de la Reine Bérengère, musée de Tessé, musée Vert, Arche de la Nature, « Le Mans fait son Cirque » en juin, les Nocturnales en juillet et août ■ Yvré-l'Evêque : Europa Jazz Festival en avril, abbaye de l'Epau et son festival (mai)

Région de doux vallonnements creusés du nord au sud par l'Orne Champenoise, Pruillé-le-Chétif a su conserver et mettre en valeur son bocage. Son sentier botanique permet de découvrir les essences variées de ces haies et zones boisées.

❶ De la place de l'Eglise, partir en direction de Saint-Georges-du-Bois. Avant le cimetière, tourner à droite, passer La Bruyère, puis suivre la D 50 à gauche jusqu'à un croisement.

❷ Tourner à gauche et gagner Les Petits-Tréfins. Se diriger à gauche sur 250 m, puis virer deux fois à droite pour emprunter le chemin de La Petite-Brosse. Contourner la ferme par la gauche. A la croisée, partir à droite, passer Le Pré-de-la-Chaise et La Groie, pour s'engager dans un chemin creux à gauche et rejoindre Champfleuri.

❸ Suivre la route à gauche, passer le chemin des Aulnays, Le Grand-Beauvais puis La Grande-Locherie. Traverser la route Pruillé - Saint-Georges et atteindre une fourche.

❹ Emprunter la voie de gauche, passer Bel-Air et continuer droit devant pour traverser un petit bois.

❺ Suivre sa lisière à gauche. Au carrefour de La Manouillère, continuer par la route en face, passer La Roussière et, peu avant La Bichardière, tourner à droite puis à gauche. Emprunter la D 50 à droite en utilisant les bermes gravillonnées à droite puis à gauche de la route.

❻ Au calvaire, monter à gauche jusqu'au croisement. Longer les bois à gauche sur 200 m, passer une barrière, puis se diriger à droite. A la croix, poursuivre par la route en face sur 450 m, puis s'engager sur le sentier botanique à droite et gagner une intersection.

❼ Tourner à gauche, passer La Perraudière, croiser la route Pruillé - Trangé et continuer en face par le chemin d'Anillé. Juste avant les bâtiments, virer à gauche vers le stade, à droite, puis de nouveau à gauche. Emprunter la route à gauche sur quelques mètres, puis s'engager à droite sur le chemin de la marnière. Tourner à gauche puis à droite pour rejoindre l'église.

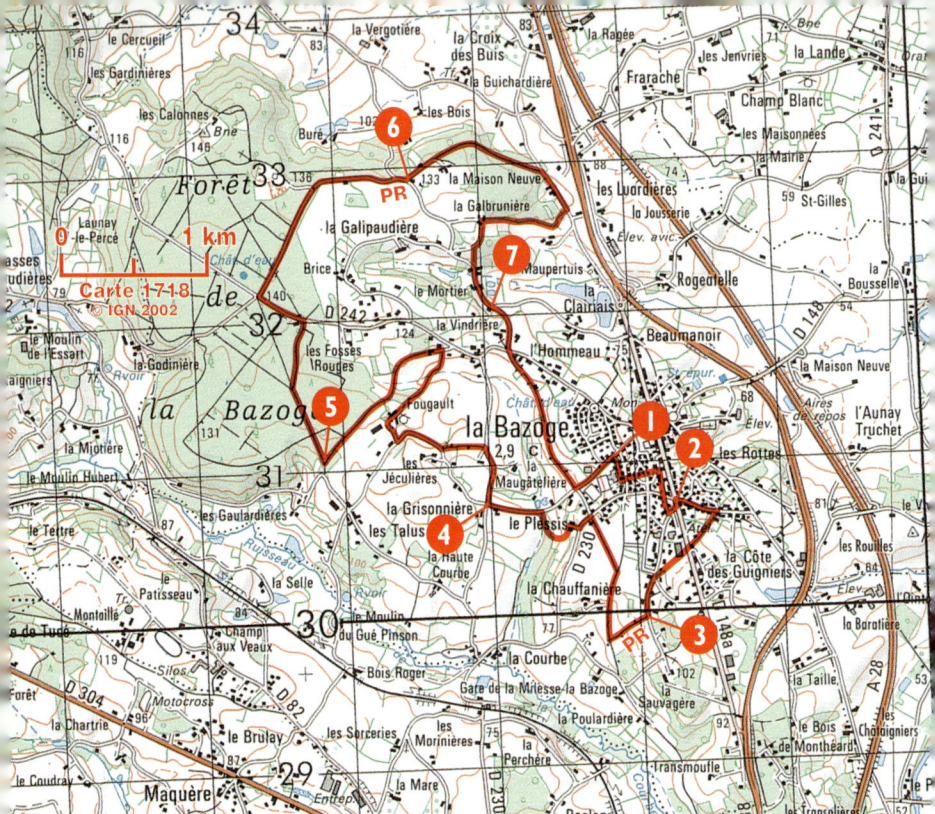

Carte 1718
IGN 2002

En avant...marche !

De tous temps, La Bazoge fut un lieu de passage comme en atteste la voie romaine qui traverse son territoire. La route royale 138, rebaptisée impériale puis nationale, emprunte le centre du village. Reliant la Normandie au Mans, c'était autrefois la route de l'étain d'Angleterre. Le grès roussard est très présent dans cette contrée. Preuves en sont la table du garde champêtre accolée à l'église, qui aurait servi autrefois d'estrade lorsque ce dernier avait une information à transmettre, et les croix du Plessis et de Villée, toujours dressées à la croisée des chemins pour servir de repères. De nos jours, ce grès rougeâtre est encore exploité dans la carrière de Bouc-Cornu, unique en Sarthe, et utilisé pour restaurer les bâtisses de la région.

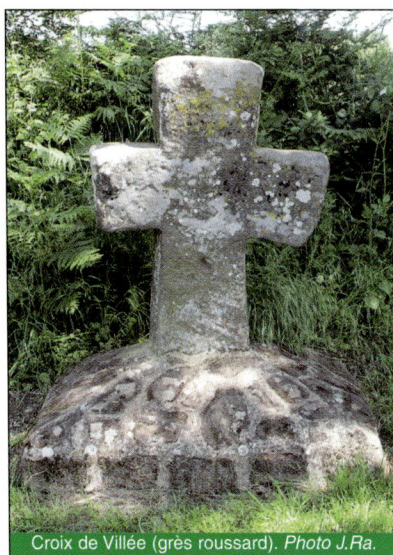

Croix de Villée (grès roussard). *Photo J.Ra.*

Bocage et forêt bazogienne — Fiche pratique 49

Encore un pays qui ne manque pas de relief et de couleur. En effet les sentiers, bien que faciles, y sont rarement plats et croisent souvent des châtaigniers qui, à l'automne, apportent leurs reflets mordorés.

3 h 40
14,5 km

140 m
70 m — 80 m

Situation La Bazoge, à 10 km au nord du Mans par la N 138

Parking complexe sportif Joël Le Theule

Balisage bleu

Ne pas oublier

❶ Passer derrière le complexe sportif par la gauche puis tourner à gauche pour suivre en face une ruelle gravillonnée. Prendre la rue du Puits à droite, traverser la D230 et continuer droit devant par un chemin herbeux jusqu'au Vert-Bocage. Tourner deux fois à gauche pour rejoindre le rond-point.

❷ Suivre à droite la rue de Bel-Air puis, à Bel-Air, partir à droite et traverser la D 148A *(prudence)*. La longer à gauche sur quelques mètres, tourner à droite et atteindre Bourgneuf. Prendre la deuxième voie à gauche et arriver à la sortie du village.

❸ S'engager à droite dans le chemin creux, tourner à droite et, à la fourche *(croix)*, suivre la voie de gauche. Emprunter la D 230 à gauche, puis le chemin du Houx à droite et gagner Le Baraton. Prendre la route à gauche jusqu'au croisement de La Grisonnière.

❹ Tourner à droite, passer La Maugâtelière, puis emprunter à gauche le chemin des Trois-Chênes. Prendre la route à droite et, aux Tabous, partir à droite. Traverser le hameau du Fougault, franchir le vallon, puis virer à gauche pour longer la lisière du bois sur 1,2 km.

❺ Peu avant la sortie du bois, obliquer à droite pour atteindre Le Bûcher-Carré. Emprunter la D 242 à gauche. Au carrefour, se diriger à droite sur 1,5 km pour passer Les Bouqueteaux.

❻ Prendre à gauche le chemin de La Maison-Neuve puis, dans le virage, continuer en face par le sentier en sous-bois. Suivre la petite route à droite, passer La Bougerie, puis partir à droite et monter à La Galbrunière. Tourner à gauche, puis descendre par le deuxième chemin creux à gauche et parvenir à Saint-Nicolas *(statue)*. Emprunter la route à gauche jusqu'à la fourche des Epicéas.

❼ Suivre la voie de droite, passer La Vindrière, traverser la D 242, puis le hameau de L'Hommeau et continuer par l'allée boisée sur 900 m. Au croisement *(croix)*, tourner à gauche pour revenir au complexe sportif.

À voir

En chemin

■ croix en grès roussard
■ forêt de la Bazoge
■ Le Mortier : statuette de saint Nicolas

Dans la région

■ La Bazoge : église XIIe, maison des Tisserands XVIIIe, brevet sarthois du randonneur en novembre ■ Sainte-Jamme-sur-Sarthe : fonderie d'Antoigné ■ Aigné : église XIIe (ange céroféraire XVIe, retable XVIIIe et vitrail de saint Hubert XXe) ■ Joué-l'Abbé : église XIe (hourd XIIIe, voûte lambrissée XVe et miséricordes des stalles XVIe)

Les Alpes mancelles en peinture

L'appellation Alpes mancelles semble devenir usuelle dans la deuxième moitié du XIXe siècle et figure dans un guide touristique de 1880. A peine 220 mètres d'altitude ont suffi aux auteurs de l'époque pour justifier ce nom de baptême grandiloquent. Des peintres comme Jacques Phillipart et Jules-Hervé Mathé, qu'on appelle parfois les petits maîtres, y ont été particulièrement inspirés. Un grand maître, Utrillo, a séjourné ici et peint une gouache représentant l'église et le presbytère de Saint-Léonard-des-Bois. Quant au randonneur, il appréciera de rafraîchir ses pinceaux du côté du Chapelet après les avoir mis à rude épreuve dans l'ascension de Narbonne et du Haut-Fourché, points culminants des Alpes mancelles sarthoises.

Le Haut Fourché vu de Narbonne. *Photo J.Ra.*

Au sud du Parc régional Normandie-Maine, Saint-Léonard-des-Bois est le centre touristique des Alpes Mancelles. La Sarthe y a creusé une vallée sinueuse entre de hautes collines rocheuses à la végétation « alpestre ».

Vipère péliade.
Dessin P.R.

❶ De la place de l'Eglise, descendre par la rue principale sur 50 m, tourner à droite et monter à la croix de La Barre.

❷ Bifurquer à droite sur le chemin empierré *(panorama)*, passer le réservoir, contourner par la gauche Le Champ-des-Pas et monter à gauche.

❸ Prendre le deuxième chemin forestier à droite, longer d'anciennes ardoisières et continuer droit devant. Descendre par la route à gauche à La Coislonnière, puis à droite le chemin empierré bordé de haies, franchir le ruisseau du Vieil Etang, puis remonter sur le plateau.

❹ Emprunter la route à gauche puis, à la fourche, de nouveau la route à gauche. Passer La Lortière, La Moulière *(croix)*, La Bruyère et Les Cosnarderies pour descendre à un carrefour *(croix)*. Prendre le chemin de Chemasson à gauche, puis descendre dans un chemin caillouteux. Au croisement, descendre à droite et, après Les Echarmeaux *(croix)*, longer la rive droite de la Sarthe.

❺ Monter sur le pont, le franchir à droite et, avant la chapelle de Linthe, s'engager sur le sentier à gauche.

❻ A la fourche, redescendre à gauche et longer la rive gauche de la Sarthe.

❼ Emprunter la D 146 à droite sur 100 m, monter à droite par le chemin de Bel-Air et parvenir à la patte d'oie du Bourgseau.

❽ Grimper le sentier à droite puis, au croisement, continuer à droite sur le sentier de crête du Haut-Fourché *(panorama)*. Descendre à droite par La Jouissière pour rejoindre la chapelle de Linthe, puis à droite le centre du village.

3 h
9,5 km

208 m
95 m — 260 m

Situation Saint-Léonard-des-Bois, à 68 km au nord du Mans par les N 138, D 39, D 15 et D 112

Parking centre du village (ou aire de repos à l'entrée du village)

Balisage
❶ à ❷ blanc-rouge
❷ à ❸ jaune
❸ à ❹ blanc-rouge
❹ à ❼ jaune
❼ à ❽ blanc-rouge
❽ à ❶ jaune

⚠ **Difficulté particulière**
■ chemin inondable de ❻ à ❼

À voir

En chemin

■ Saint-Léonard-des-Bois : église XIIe, jardin des plantes alimentaires du domaine du Gasseau, manoir XVe et chapelle XVIe de Linthe, le Chapelet sur la Sarthe, la vallée de la Misère, croix de Minuit et mosaïque du parc animalier Paul Blanchard
■ panoramas

Dans la région

■ Saint-Céneri-le-Gérei : village pittoresque, église XIe
■ Fresnay-sur-Sarthe : château, cave du Lion XIIe, les halles XIXe, quartiers du Bourgneuf et du Creusot, musée des Coiffes, la maison des artisans créateurs.

BIBLIOGRAPHIE

CONNAISSANCE GÉOGRAPHIQUE, TOURISTIQUE ET HISTORIQUE DE LA RÉGION

Maine-et-Loire
• *Le Patrimoine des Communes du Maine-et-Loire*, éd. Flohic
• Gallard O. et Bertoldi S., *L'Anjou*, Gal'art éditions
• *Atlas des Paysages de Maine-et-Loire*, Le Polygraphe, Conseil général du Maine-et-Loire, DDE du Maine-et-Loire, DIREN des Pays de la Loire

Vendée
• *Vendée Randonnées*, Conseil général de la Vendée
• *La Sèvre Nantaise à pied*, Fédération française de la Randonnée pédestre

Loire-Atlantique
• *Le patrimoine des communes de Loire-Atlantique*, éd. Flohic
• Vilaine L., *Itinéraires de découverte "La Loire-Atlantique"*, éd. Ouest-France
• *Les forges du Pays de Châteaubriant*, DRAC publication n° 14
• *Voyage italien à Clisson*, DRAC publication n° 89
• *Cordemais en estuaire*, DRAC publication n° 104
• *Les marais salants de la presqu'île guérandaise*, éd. CMD

Mayenne
• *La Mayenne en chemins*, CDRP Mayenne
• *La Mayenne notre rivière*, CDRP Mayenne
• *Balades en famille au cœur de la Mayenne*, CDRP Mayenne

Sarthe
• Bernadac J., *Le Loir : rivière des muses*, éd. Garillon (Vendôme)
• Boillot H. et Durand G., *Sarthe, Tourisme et Culture*, éd. Siloë
• Dehaie T., *Pique la Lune*, éd. de la Reinette
• Dufour J. et Moynet E., *Les Alpes Mancelles*, Collection Patrimoine, Conseil Général de la Sarthe
• *Le Patrimoine des Communes de la Sarthe*, éd. Flohic
• Hamelin A., Noiseau R. et Robineau P.-M., *100 ans de cinéma au Mans et dans la Sarthe*, éd. Cinémaniak

CARTES ET TOPO-GUIDES DE RANDONNÉE

• Cartes IGN au 1 : 25 000
Maine-et-Loire : 1324 E, 1421 O, 1422 E, 1521 O, 1522 O, 1523 O, 1524 E, 1524 O, 1621 O, 1622 O, 1623 E, 1623 O. **Vendée :** 1325 E, 1426 O, 1427 E, 1528 O, 1327 O, 1227 E, 1227 OT, 1226 E, 1126 OT, 1125 O. **Sarthe :** 1818 E, 1919 O, 1820 O, 1620 E, 1719 E, 1718 O, 1617 E. **Mayenne :** 1417 E, 1517 O, 1616 O, 1618 O, 1518 O, 1520 E, 1519 O, 1420 O, 1420 O, 1419 E, 1417 O. **Loire-Atlantique :** 1321 O, 1222 E, 1223 O, 1324 O, 1124 O, 1123 E, 1022 ET, 1022 OT, 1222 O.

Pour connaître la liste des autres topo-guides de la Fédération Française de la Randonnée Pédestre sur la région, se reporter au catalogue disponible au Centre d'information (voir "Où s'adresser ?").

REALISATION

La création des itinéraires a été assurée par les communautés de communes, les communes, les associations sportives, les associations de randonnée, les Syndicats d'initiative et Offices de tourisme et l'Office national des Forêts du Maine-et-Loire, de la Vendée, de la Loire-Atlantique, de la Mayenne et de la Sarthe.

La description des balades a été assurée par les Comités départementaux de la Randonnée pédestre du Maine-et-Loire, de la Vendée, de la Loire-Atlantique, de la Mayenne et de la Sarthe.

Les textes thématiques ont été rédigés par Alain Guéguen, l'Office de tourisme de Durtal, la commune de Seiches-sur-le-Loir, la commune de Vihiers, la communauté de communes Loire-Layon, le Comité départemental de la Randonnée pédestre du Maine-et-Loire, Daniel Levoyer, Hélène Rabu, Gaby Feunteun et Gilbert Robin.

Les photos ont été fournies par : Jean-Marie Lavaud (J.-M.L), Jérôme Ragot (J.Ra.), Jean Roussel (J.Ro.), Alain Guéguen (A.G.), Jérôme Raidelet (J.R.), le Comité régional du Tourisme (CRT) des Pays de la Loire, J.-G. de l'Hamaïde (J.-G.H.), les Comités départementaux du tourisme (CDT) de la Sarthe, de la Mayenne et de la Vendée, le Parc oriental de Maulévrier, le village troglodytique de Rochemenier, le SI Intercommunal « les Portes de l'Anjou », Christelle Jicquiau (C.J.), André Leclet (A.L.), l'Association du prieuré de Saint-Rémy-la-Varenne, Jean Bellard (J.B.), la mairie de Vihiers, le CDRP 49, Philippe Préault (Ph.P), Michel Morin (M.M.), Guy Bernet (G.B.), Marc Bouilde (M.B.), le musée de l'Abbaye Sainte-Croix des Sables d'Olonne, J.Lesage (J.L.), Didier Boulay (D.B.), Jean-Claude Delogé (J.-C.D), Jean-Pierre Berthier (J.-P.B.), Françoise Lemesle (F.L.), la mairie de Saint-Denis-des-Gastines, l'association « Racines et patrimoine », l'agence Vallée du Loir, le musée « Au Pays des rillettes » de la société Bahier et Jacques Boulissière.

Les illustrations de faune et de flore sont de Pascal Robin (P.R.) et Nathalie Locoste (N.L.). Celle de la page 18 est de Jérôme Bazin.

Montage du projet, direction des collections et des éditions : Dominique Gengembre. Production éditoriale : Isabelle Lethiec. Secrétariat d'édition : Philippe Lambert, Marie Décamps, Anne Balaguier. Cartographie : Olivier Cariot, Frédéric Luc. Mise en page et suivi de la fabrication : Jérôme Bazin, Elodie Gesnel et Céline Lépine. Lecture et corrections : Elisabeth Gerson, André Gacougnolle, Anne-Marie Minvielle, Hélène Pagot, Michèle Rumeau et Gérard Peter.

Création maquette : Florelle Bouteilley, Isabelle Bardini, Marie Villarem, Fédération française de la Randonnée pédestre. Les pictogrammes et l'illustration du balisage ont étés réalisés par Christophe Deconinck, excepté les pictogrammes de jumelles, gourde et lampe de poche qui sont de Nathalie Locoste.

Cette opération a été réalisée grâce aux concours financiers de la Fédération française de la Randonnée pédestre, du Conseil régional des Pays de la Loire, de la délégation régionale de Gaz de France, des Conseils généraux et des Comités départementaux de la randonnée pédestre du Maine-et-Loire, de la Loire-Atlantique et de la Vendée.

Pour découvrir
la France à *pied*®

Vous venez de découvrir un topo-guide
de la collection "Promenade et Randonnée". Mais savez-vous
qu'il y en a plus de 200, répartis dans toute la France, à travers...

Une région   **Un parc naturel**

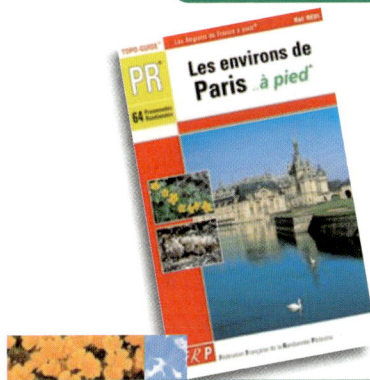

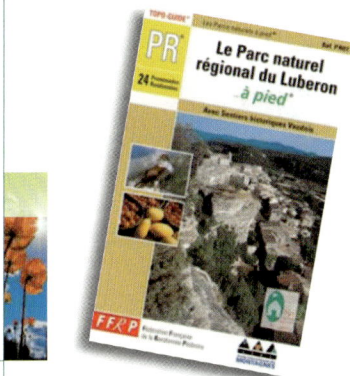

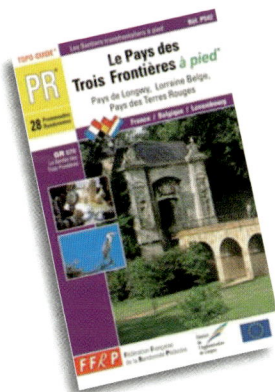

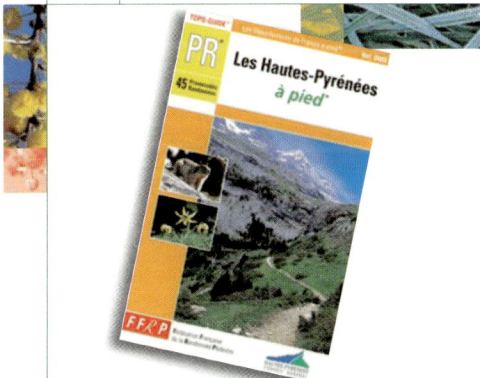

Un pays   **Un département**

INDEX DES NOMS DE LIEUX

Compogravure : MCP (Orléans) et Corlet (Condé-sur-Noireau)
Impression : Aubin (Ligugé)